J'arrête de fumer

Gaëlle Alban est journaliste dans
les domaines de la santé, de la beauté
et de la forme depuis vingt-cinq ans.
En plus d'avoir créé plusieurs
magazines, dont *Croc'la Vie* axé sur
les problèmes dentaires et *Optique Mag*
traitant des problèmes liés aux yeux,
elle a collaboré plus de douze ans au
magazine *Impact Pharmacien*. Elle est
notamment l'auteur de *Soleil mode
d'emploi* paru aux Editions Hachette.

GUIDE HACHETTE

SANTÉ

J'arrête de fumer

Par Gaëlle ALBAN

hachette
SANTÉ

Sommaire

Introduction

Bien souvent, on commence à fumer par curiosité, juste pour essayer ou faire comme les autres. Pour les ados, c'est aussi un moyen de se sentir adulte ou de se confronter à l'autorité parentale. Ensuite, on y prend goût, on continue et peu à peu, l'habitude et la dépendance s'installent au point qu'il nous paraît finalement impossible de vivre sans.

La France compte près de 16 millions de fumeurs. Un tiers des personnes de 15 à 85 ans (32 %) fument de manière occasionnelle (36 % des hommes et 28 % des femmes). Entre 18 et 34 ans, en moyenne une personne sur deux fume. La prévalence du tabagisme atteint 46 % de femmes (20-25 ans) et 55 % d'hommes (26-34 ans). 80 % des victimes d'infarctus du myocarde âgées de moins de 45 ans sont des fumeurs. Le tabagisme passif tue entre 3 000 et 5 000 non-fumeurs chaque année (deux tiers de maladies cardiovasculaires). Près de 100 000 personnes souffrent d'une thrombose (présence d'un caillot dans une veine) provoquée par le tabac. En France, un fumeur régulier sur deux meurt prématurément des causes de son tabagisme et 50 % des décès se situent entre 35 et 69 ans. On compte plus de 5 millions de décès dans le monde. Première cause de mortalité évitable en France, le tabagisme est responsable de 90 % des cancers du poumon et de 73 000 décès prématurés chaque année[1].

Au niveau planétaire, il tue un adulte sur dix et constitue la deuxième cause de mortalité. D'après l'OMS, le tabac a provoqué la mort de plus de 100 millions de personnes au xxe siècle et ce chiffre pourrait bien passer à 1 milliard au xxie siècle. Le tabagisme s'avère être l'épidémie la plus importante à affronter pour la communauté sanitaire mondiale, ce qui en fait l'une des priorités de santé publique en France et un enjeu de société non négligeable. D'après le Comité national contre le tabagisme, la plupart de ceux qui ont cessé de fumer affirment qu'arrêter s'est avéré plus facile qu'ils ne l'avaient envisagé... et regrettent d'avoir attendu si longtemps avant de se décider. À vous de tenter l'expérience pour le meilleur grâce aux conseils prodigués tout au long de cet ouvrage !

[1] HILL (Catherine), « Épidémiologie du tabagisme », La Revue du praticien, n°3, mars 2012, vol. 62, p. 325-329.

S'informer pour comprendre

Chercher à savoir ce que contient ce tube incendiaire (850 °C en phase active !) et comment Lady Nicotine vous embobine au point que vous ne pouvez plus vous passer d'elle, ça peut être effrayant, mais demeurer volontairement dans l'ignorance relève du suicide. Alors, courage ! Nicotine, goudron, oxyde de carbone et autres terreurs ne doivent plus avoir de secrets pour vous.

MAIS AU FAIT, QUE FUME-T-ON ?

Additifs et toxiques au menu !
La composition de la fumée issue de la combustion d'une cigarette correspond à environ **5 200 substances chimiques et toxiques** dont plus de 60 sont cancérogènes. Les fabricants cherchent en effet constamment à augmenter la consommation des fumeurs en jouant sur le goût, l'odeur et le phénomène de dépendance : ils incorporent ainsi au tabac près de **600 additifs chimiques**, qui peuvent aller jusqu'à représenter plus de 30 % du poids total d'une cigarette.

Pire encore, pour faciliter l'inhalation de la fumée, les cigarettiers ajoutent du **cacao** au tabac : la théobromine, broncho-dilatateur contenu dans le cacao, fait pénétrer la fumée au plus profond des poumons, aggravant ainsi la dangerosité des cigarettes. S'ajoutent à cela des additifs chimiques visant à rendre moins désagréable la fumée dans l'air ambiant, à en masquer l'odeur et à atténuer son effet irritant.

De même, dans les années soixante-dix, Marlboro a introduit de **l'ammoniaque** dans la composition de ses cigarettes, dopant ainsi considérablement ses ventes. L'ammoniaque a en effet la propriété d'augmenter le pH du tabac et, par extension, la proportion de nicotine libre (*freebase*). Résultat : l'absorption de la nicotine est accélérée avec, pour conséquence, une augmentation de la satisfaction et de la dépendance des fumeurs.

En apparence inoffensifs et pourtant tout aussi dangereux, **le sucre et le miel** (coumarine) sont également fréquemment utilisés pour parfumer les cigarettes et renforcer la dépendance. Malheureusement, s'ils sont délicieux à la dégustation, ils sont hautement cancérogènes à l'inhalation.

Dans le même esprit, la dernière trouvaille des industriels du tabac consiste à introduire des **arômes de caramel et de chocolat** pour séduire un public de plus en plus jeune...

Enfin, **une kyrielle d'autres substances** toxiques comme, notamment, les agents humectants (glycérol, sorbitol, triéthylène glycol, etc.), les produits de blanchiment des cendres et les accélérateurs de combustion (hydroxyde d'aluminium, oxyde d'aluminium, silicate d'aluminium, sulfate d'aluminium, dioxyde de titane, acides carboniques...), les agents conservateurs (acides benzoïques, sels de sodium et potassium, etc.) ou les adhésifs et les liants (gommes-laques, collodion...) viennent alourdir le bilan déjà bien chargé de la cigarette.

Anatomie d'une cigarette

Pour commencer, le filtre contient du chlorure de vinyle (utilisé dans les matières plastiques), du DDT (insecticide) et du benzopyrène*. Du filtre au bout incandescent, se succèdent du polonium 210 (élément radioactif), du monoxyde de carbone (gaz d'échappement), du butane, du cadmium* (utilisé dans les batteries), du phénol, de la nicotine (utilisée comme herbicide et insecticide), du dibenzacridine*, du naphtalène (antimite), de l'arsenic (poison violent), de la diméthylnitrosamine, du toluène (solvant industriel), du pyrène*, de l'uréthane*, du méthanol (carburant pour fusées), de l'ammoniaque (détergent), de la naphtylamine*, de la toluidine*, de l'acétone (dissolvant) et de l'acide cyanhydrique (employé dans les chambres à gaz) ; soit de quoi aisément vous ruiner la santé.

Entre le tabac « non brulé » qui contient plus de 2 500 composés chimiques (pesticides, additifs) et la fumée qui en contient plus de 5 200, le cocktail est détonnant. Parmi les plus redoutables de ces toxiques, on peut citer la nicotine qui atteint le cerveau en quelques secondes, les goudrons qui collent les cils vibratiles dans les poumons et sont extrêmement cancérogènes, le monoxyde de carbone aussi toxique que celui qui émane des tuyaux d'échappement et les irritants qui altèrent la paroi bronchique et qui, au fil du temps, provoquent des bronchites chroniques.

CERTAINES CIGARETTES SONT-ELLES MOINS NOCIVES ?

Si je fume des cigarettes sans tabac

Ne contenant pas de nicotine (spécifique à la feuille de tabac), les cigarettes sans tabac, à l'eucalyptus par exemple, dégagent cependant lors de la combustion l'ensemble des substances toxiques que produit la fumée des cigarettes « classiques » : goudrons et monoxyde de carbone...

Si je fume des cigarettes « légères »

Penser que fumer des cigarettes « légères » est moins nocif est une erreur, car les cigarettes légères, extra- et ultra-, ont été conçues non pour dégager moins de substances toxiques mais pour brûler plus vite que les autres et produire une bouffée moins riche en fumée. Autrement dit, elles contiennent tout autant de produits nocifs inducteurs de cancers que les autres cigarettes, mais elles sont moins chargées en nicotine. Dès lors, le fumeur inhale souvent inconsciemment des bouffées plus pro-

*substances cancérogènes connues

fondes et fume plus de cigarettes pour obtenir la dose de nicotine qui lui est nécessaire chaque jour.

Si je fume des cigarettes roulées

L'aspect plus « naturel » et le sentiment de contrôle (fabriquer soi-même sa cigarette) constituent un leurre : une cigarette roulée équivaut à deux cigarettes industrielles, alors en fumer deux fois moins que des blondes revient à l'identique ! D'autre part, l'absence de filtre augmente la diffusion des goudrons ; aussi les « tubes » en vente ne sont-ils pas dénués d'intérêt. Le tabac à rouler n'est en outre pas moins nocif que les autres dans sa fabrication.

Si je fume des cigarettes blondes

On a longtemps cru que la cigarette blonde était moins nocive que la brune, mais il n'en est rien. Sur le plan de la toxicité, l'une et l'autre se valent. Ce qui les différencie a plutôt trait au goût (le tabac brun étant souvent plus âcre que le tabac blond) et aux représentations qui leur sont associées : le tabac brun à chiquer du monde rural contre le tabac blond jugé plus élégant introduit en France par les soldats américains à la Libération, mais aussi le tabac brun de la pipe, objet associé au savoir, à un « art » de fumer (que symbolise un certain nombre de luxueux ustensiles), contre le tabac blond de la cigarette à filtre associée à une image de la jeunesse active et rebelle.

Si je fume des cigares

Notre représentation du cigare — belle feuille parfaitement naturelle d'un tabac supérieur cultivé sur des terres généreuses, préparé selon une grande tradition, consommé avec art et par conséquent moins nocif — conduit à une erreur de jugement. Seule la localisation des cancers qu'il provoque le différencie des simples cigarettes : les cancers liés à la consommation du cigare sont plutôt situés dans la bouche, les joues, la langue et le larynx.

LA FUMÉE ET LE CORPS HUMAIN

Les additifs

Certains additifs qui donnent du goût à la cigarette sont connus pour être cancérogènes.

Les substances irritantes

Elles empêchent le bon fonctionnement des cils bronchiques (comparables à de petits balais du poumon) et des cellules chargées de nettoyer les bronches. Les goudrons, qui ne rencontrent plus de résistance, s'installent, ce qui fragilise davantage les bronches. Le poumon, sans protection, développe alors des infections et des cancers. Une partie des substances irritantes étant transportée par la salive jusque dans l'estomac, celles-ci ont aussi des effets pernicieux sur l'ensemble du système digestif.

L'oxyde de carbone

Il se fixe dans les globules rouges à la place de l'oxygène et est véhiculé par le sang dans l'ensemble de l'organisme. Celui-ci, qui a besoin d'oxygène pour fonctionner correctement, demande donc plus de sang. Cette demande accrue a une incidence sur le cœur : il accélère son rythme, d'autant qu'il souffre lui aussi d'une insuffisance en oxygène. Cependant, le cœur a beau augmenter le nombre de ses battements (augmentation qui fait par ailleurs courir le risque d'un arrêt cardiaque), la teneur en oxygène de l'ensemble des organes demeure insuffisante. Le corps tout entier souffre de cette insuffisance. D'autre part, c'est aussi à l'oxyde de carbone que l'on doit la détérioration des parois sanguines, laquelle augmente encore les difficultés d'approvisionnement en oxygène.

Les goudrons

De même que l'oxyde de carbone, les goudrons précipitent la détérioration des parois vasculaires. Ils interviennent aussi dans le développement des cancers (de la bouche, des joues, du larynx, de la trachée-artère, des cordes vocales et des bronches), d'autant que leur action affaiblit les défenses immunitaires. Leur caractéristique est d'être nocifs même sans contact direct avec l'organe touché, puisque la salive les entraîne dans tout l'organisme. Ainsi, la vessie est une cible privilégiée. C'est le phénomène d'accumulation dans le corps qui déclenche les tumeurs malignes.

La nicotine

• **Sur le plan physique**, elle agit sur la paroi des vaisseaux, provoquant leur rétrécissement.

Cet effet s'ajoute à celui de l'oxyde de carbone qui cause la diminution du taux d'oxygène arrivant aux organes. Les symptômes qui apparaissent alors sont : une augmentation de la fréquence cardiaque et de la pression sanguine, une diminution de l'absorption intestinale et une augmentation de la quantité de sucs gastriques. La fatigue ressentie après une consommation exceptionnellement élevée de cigarettes est ainsi simplement due au manque d'oxygénation du cerveau.

• **Sur le plan cérébral,** elle agit comme un neuromédiateur puisqu'elle en est un. En se fixant sur les récepteurs nicotiniques, elle provoque la libération d'endorphines, facteurs de plaisir — effet euphorisant — et une diminution (réelle) de l'angoisse — effet anxiolytique. Le cerveau s'habitue et produit de plus en plus de récepteurs nicotiniques, qui « ont faim » de nicotine. Après quelque temps (lorsque la dépendance à la nicotine est installée), notre cerveau fonctionne différemment : lorsqu'il a son content de nicotine, nous nous sentons bien ; dans le cas contraire, nous ressentons un manque.

NICOTINE ET DÉPENDANCE

Contrairement aux idées reçues, le fumeur n'est pas victime d'une dépendance mais de trois : physique, psychologique et comportementale. Chacune de ces dépendances devra faire l'objet d'un sevrage spécifique.

La dépendance physique

Elle correspond à une sensation de manque, de mal-être qui, à l'arrêt de la cigarette, peut se manifester sous forme d'irritabilité, d'humeur dépressive, de pulsions irrépressibles ou de troubles du sommeil et de la concentration. Cette dépendance se manifeste de façon plus ou moins intense selon les fumeurs. Elle est tardive et survient après plusieurs années de consommation.

Pour aider son corps à passer ce cap difficile, rien de tel qu'une méthode antistress pour lutter contre l'angoisse et la baisse de moral en complément des patchs, médicaments ou de la cigarette électronique. Privilégiez le calme en vous promenant en forêt ou à la campagne, respirez l'air pur pour oxygéner vos poumons. Progressivement, vous apprendrez à apprécier ces moments

de détente et vous n'aurez plus besoin de recourir aux cigarettes consolatrices pour vous sentir bien.

La dépendance psychologique

Oscar Wilde écrivait : « La cigarette, c'est l'archétype du plaisir parfait : c'est exquis et cela laisse toujours insatisfait. » La cigarette du matin, celle de fin de repas ou de la pause cigarette (entre amis ou au travail) génèrent effectivement une sensation de plaisir que le fumeur va chercher, par la suite, à prolonger ou à retrouver en allumant une seconde cigarette, puis une troisième, etc. Par extension, quand il se trouvera dans l'obligation de rester sans fumer, le manque se fera sentir et renforcera, par là même, son envie de fumer. Ce cercle vicieux fait de la dépendance psychologique la dépendance la plus pernicieuse car elle conditionne le fumeur à fumer de manière régulière.

De plus, d'autres effets psychiques de la nicotine comme la stimulation intellectuelle, l'action antidépressive, l'effet coupe-faim et l'effet anxiolytique s'ajoutent à la sensation de plaisir et rendent la dépendance psychologique encore plus forte. Cette dépendance apparaît assez rapidement, après la phase d'initiation au tabac, dès que la consommation devient régulière, pour seulement 5 à 6 cigarettes par jour.

La dépendance comportementale

Qu'on le veuille ou non, l'action de fumer engendre des automatismes et, au fil du temps, prendre et allumer une cigarette devient un réflexe plus qu'un besoin. C'est ce que l'on appelle la dépendance comportementale. Sans vous en rendre compte, par habitude, vous associez certaines situations de la vie quotidienne, certains lieux, certaines personnes ou certaines circonstances à la cigarette. Boire un café, travailler sur son ordinateur, parler au téléphone, prendre la voiture sont autant d'activités enregistrées par le cerveau comme étant liées à un moment tabagique. Un fumeur régulier porte sa main à la bouche plusieurs centaines de fois par jour et cette gestuelle, répétée à longueur d'année, devient alors difficile à contrôler. Pour cette raison, arrêter de fumer représente un véritable

changement de style de vie puisque cela implique de modifier son comportement et de casser ses réflexes.

POURQUOI FUME-T-ON ?

Au départ, on commence souvent à fumer pour imiter ses frères et sœurs, ses parents ou par souci d'intégration. Les parents et les pairs jouent en effet un rôle important dans le tabagisme de l'adolescent. Quand les parents fument, ou ont fumé, le risque que l'adolescent fume ou essaie de fumer est plus élevé. De plus, pour un adolescent qui vit avec des parents fumeurs, la volonté d'arrêter sera bien mise à mal. Les statistiques montrent d'ailleurs que la plupart des jeunes qui fument évoluent à la base dans un entourage de fumeurs. Difficile en effet d'interdire à ses enfants de fumer quand on est soi-même fumeur... Mais une fois les premières cigarettes allumées, l'habitude s'installe vite et l'envie de fumer se transforme en besoin.

Un besoin artificiel

Même s'il ne s'agit pas d'un besoin vital, on pourrait comparer, au niveau de l'approche personnelle, le besoin de fumer à celui de manger. En effet, certaines personnes mangent uniquement quand le besoin physique se fait sentir, d'autres par gourmandise, d'autres par habitude, ou d'autres encore pour se détendre ou trouver du réconfort ; les raisons sont multiples. Il en va de même pour la cigarette que l'on fume par plaisir, par habitude, par besoin (sensation de manque), pour se calmer (stress, nervosité, angoisse...), créer des liens sociaux (moyen d'engager la conversation, d'échanger, de se rassembler...), contrer l'ennui, etc. En général, on dit manger parce que l'on a faim, mais la vraie raison est souvent autre. En réalité, on mange et on fume tout simplement parce qu'on en a envie et que cette envie aboutit au plaisir, à la satisfaction et au contentement.

Toutefois, si manger peut poser des problèmes en cas d'abus (obésité), le tabagisme, lui, s'apparente fort, dans son mécanisme, à la toxicomanie (rapport Roques). Le besoin créé par le tabac chez le fumeur est en effet artificiel. Quand on se trouve dans l'impossibilité de fumer (zone non-fu-

meurs, grossesse, etc.), on parvient justement à se réfréner. Il est donc important de
bien garder à l'esprit que si le désir de fumer
est important, il ne constitue en aucun cas
une obligation.

DES CHIFFRES INSTRUCTIFS

Le tabac tue les Français mais il
ruine également la France : selon
la Cour des comptes, le tabac rap-
porterait en effet 45 milliards
d'euros par an au pays, mais lui
coûterait 75 milliards en dé-
penses...

Attention danger !

Bon nombre de fumeurs connaissent encore mal les effets du tabac sur la santé et la qualité de vie. Pourtant, une prise de conscience s'impose compte tenu des risques qu'ils encourent et font courir à leur entourage (tabagisme passif).

En effet, le tabac agit de façon sournoise en s'attaquant aux organes jour après jour, mois après mois, année après année avec, à la clé, des conséquences désastreuses sur la santé. 45 % des fumeurs décéderont, par exemple, avant l'âge de la retraite...

Qui plus est, certaines personnes pensent que parce qu'elles fument peu, elles sont hors de danger, mais il n'existe pas de « petits fumeurs » et la durée de la consommation constitue justement l'un des principaux facteurs de risque.

Même si l'on ne fume que 5 à 10 cigarettes par jour pendant 10, 20 ou 30 ans, les risques sont importants et ne doivent pas être minimisés pour se déculpabiliser.

LES EFFETS DU TABAC

Pour commencer, le tabac fatigue le cœur, réduit les capacités immunitaires, diminue les réflexes, altère la concentration et l'attention, développe l'anxiété et favorise la dépression. À son actif également, le durcissement des artères, l'apparition du diabète, l'irritation de la gorge, une haleine épouvantable, une mauvaise assimilation des aliments et des vitamines du groupe B et la dénaturation de l'odorat et du goût. Enfin, il est à lui seul responsable de 95 % des cancers du poumon et de 30 % de l'ensemble des cancers...

Corps maltraité

Une étude épidémiologique finlandaise[2] a démontré que la mortalité cardiovasculaire augmente de 50 % chez les fumeurs occasionnels par rapport aux non-fumeurs.

De même, une équipe de chercheurs français a procédé à une étude de la masse osseuse sur 719 hommes (entre 51 et 65 ans) et constaté que les fumeurs moyens d'un poids de moins de 75 kg ont des os d'une densité inférieure à celle des non-fumeurs. Chez les grands fumeurs, le phénomène

s'accentue et touche plus particulièrement les os de la hanche et de l'avant-bras. Et, quel que soit le nombre de cigarettes qu'ils consomment quotidiennement, les fumeurs dans leur ensemble montrent fréquemment des déformations au niveau des vertèbres. Toutes ces atrophies osseuses causées par la fumée fragilisent le squelette et l'exposent aux fractures qui, avec l'âge, peuvent conduire à des handicaps permanents.

De plus, les particules nocives de la fumée pénètrent par inhalation à travers les poumons et se diffusent dans le sang qui les charrie ensuite partout où il passe. Ainsi, la fumée du tabac laisse des traces dans tout le corps humain via un trajet bouche/poumons puis cœur/organes.

Enfin, les fumeurs sont porteurs de plus de staphylocoques résistants aux antibiotiques que les non-fumeurs.

Mémoire altérée

Chez l'homme comme chez la femme, la mémoire auditive et visuelle se détériore rapidement chez les fumeurs qui dépassent les 20 cigarettes par jour[3]. Après l'arrêt du

[2] Étude portant sur 5 000 Finlandais suivis pendant 18 ans.
[3] Étude britannique portant sur 5 362 sujets entre 43 et 63 ans.

tabac, on constate que la dégradation de la mémoire ralentit, principalement chez les fumeurs âgés de moins de 43 ans.

Cerveau attaqué

Le risque d'une rupture d'un vaisseau sanguin cérébral[4] augmente proportionnellement au nombre de cigarettes fumées chaque jour (deux fois plus de risques chez les fumeurs dépassant 20 cigarettes par jour). De même, un ictus cérébral (attaque cérébrale) dû à une hémorragie conduit une fois sur trois au décès du fumeur dans les 30 jours qui suivent. Autre risque, d'après une étude[5] du médecin épidémiologiste Richard Doll, la démence sénile (Alzheimer) pourrait être favorisée par le tabagisme.

Cœur fragilisé

Les fumeurs sont deux fois plus exposés que les non-fumeurs au risque d'infarctus. Un an après l'arrêt du tabac, ce risque diminue.

Douleurs chroniques

Les fumeurs souffrent généralement de la nuque, du dos et des membres. Ces douleurs[6] sont plus ou moins importantes (1,6 fois plus que chez les non-fumeurs) selon le métier exercé (physique ou non). La nicotine, responsable de ces troubles, agit en effet comme un mauvais médicament en renforçant la perception de la douleur et en appauvrissant l'apport sanguin et les éléments nutritifs des tissus musculaires. De plus, les personnes sensibles à la douleur ont tendance à recourir plus facilement à la cigarette.

Yeux en danger

La fumée accélère le décollement rétinien[7]. Indépendamment de l'âge des fumeurs, la fumée apparaît comme étant la cause de l'apparition et de l'accélération de l'opacité sénile du noyau rétinien. En revanche, contrairement à la vieillesse contre laquelle on ne peut rien, le risque lié au tabagisme peut être évité.

Peau fanée

Le tabac agit sur l'apparence physique générale du fumeur : la peau, les cheveux, les dents et les ongles pâtissent du tabagisme. Tout d'abord, de par son effet anti-œstrogène, le tabac provoque un vieillissement cutané précoce (rides, poches sous les yeux). D'autre part, en diminuant l'apport

---

[4] *Étude américaine menée sur 22 022 médecins de sexe masculin fumeurs et non-fumeurs.* [5] *Étude menée entre 1951 et 2001 sur 34 439 médecins britanniques nés entre 1851 et 1930 par Richard DOLL, Jilian BOREHAM, Richard PETO et Isabelle SUTHERLAND, Mortality in relation to smoking : 50 years' observations on male British doctors.* [6] *Étude britannique portant sur 12 907 participants (hôpital de Southampton).* [7] *Trois études scientifiques menées sur 14 752 individus fumeurs et non-fumeurs.*

général d'oxygène, les goudrons favorisent la prolifération des globules blancs, producteurs de radicaux libres. Ceux-ci sont à l'origine de la formation des rides, qui se multiplient d'autant plus facilement que fumer provoque également des carences en vitamine C. La couche cornée, insuffisamment hydratée, perd alors de sa souplesse.

Dents malmenées

L'hygiène buccodentaire des fumeurs est moins bonne que celle des non-fumeurs car la chaleur dégagée par la fumée affaiblit les défenses immunitaires buccales et favorise ainsi le développement de bactéries tant sur les gencives (gingivite, gingivite nécrosante) que sur les dents (caries, déchaussement).

Cheveux asphyxiés

Le cuir chevelu étant insuffisamment irrigué, les cheveux des fumeurs deviennent ternes et cassants. En outre, la fumée endommage les apports nutritionnels essentiels aux cheveux et provoque des troubles du génome capillaire qui aboutissent au grisonnement de la chevelure et à une alopécie prématurée.

Ongles fragilisés

Les ongles sont fragilisés et deviennent cassants, l'index et le majeur jaunissent.

Le tabac tue l'amour !

Le tabagisme peut causer des troubles de l'érection et compromettre la fertilité masculine et féminine via la dégradation des spermatozoïdes. Il entraîne également souvent une baisse de la libido et peut même conduire à l'impuissance en raison de la diminution de l'afflux sanguin. Les fumeurs qui souffrent d'hypertension ont d'ailleurs un risque vingt-six fois plus élevé d'être confrontés à un dysfonctionnement érectile que les non-fumeurs. Après l'arrêt du tabac, ce risque est ramené à 11. En France, environ 3 millions de fumeurs seraient concernés par ce problème.
Du côté des femmes, la cigarette peut avoir un effet perturbateur sur le cycle menstruel.

FEMMES ET ENFANTS EN LIGNE DE MIRE !

Sur un milliard de fumeurs dans le monde, près de 200 millions sont des femmes. L'industrie du tabac les cible d'ailleurs de manière agressive pour élargir sa base de consommateurs et prendre la place de ceux qui cessent de fumer ou qui meurent prématurément d'un cancer, d'une crise cardiaque, d'un accident vasculaire cérébral, d'emphysème, etc.

Les femmes et le tabac

Chaque année, 1,5 millions de femmes dans le monde décèdent à cause du tabagisme.

En France, il y a plus d'hommes que de femmes qui fument mais l'écart se resserre et le nombre de cigarettes fumées chaque jour est presque aussi important pour elles que pour eux. On observe de ce fait une progression spectaculaire des cancers tabagiques féminins. Le cancer broncho-pulmonaire est ainsi devenu — après le cancer du sein — le deuxième cancer le plus répandu chez la femme. Aux États-Unis, le taux de mortalité résultant d'un cancer du poumon est même désormais supérieur à celui du cancer du sein. Autre incidence, l'augmentation de la fréquence des cancers des voies aériennes supérieures, du sein et du col de l'utérus — même si certaines études semblent démontrer que, grâce à l'effet anti-œstrogène

de la nicotine, le risque de cancer du col de l'utérus serait moins élevé pour les fumeuses que pour les non-fumeuses.

Les chiffres au féminin

Le Baromètre santé 2010 de l'INPES qui avait pour but de mesurer les évolutions en France de la prévalence du tabagisme de 2005 à 2010, révèle que le tabagisme féminin connaît actuellement une hausse (16,0 % en 2005 et 22,5 % en 2010), en particulier chez les femmes nées entre 1945 et 1965, soit la génération de l'émancipation féminine.

À cette émancipation, s'ajoute le développement de stratégies marketing spécifiques de l'industrie du tabac et l'apparition de produits ciblés par genre qui ont contribué à la reprise du tabagisme chez les femmes. En ce qui concerne les femmes âgées de 15 à 75 ans, la prévalence du tabagisme quotidien est passé de 23,3 % à 26,1 %.[8] En 2010, 53 % des femmes âgées de 15 à 85 ans ont fumé au moins une fois dans leur vie et 28 % d'entre elles sont encore actuellement fumeuses : 24 % comme fumeuses quotidiennes et 5 % comme fumeuses occasionnelles. Elles restent malgré tout moins nombreuses que

[8] Beck (François), Guignard (Romain), Richard (Jean-Baptiste), Wilquin (Jean-Louis), « Évolutions récentes du tabagisme en France », Baromètre santé 2010, INPES.

les hommes, qui eux, sont encore 36 % à se déclarer fumeurs.

Au niveau de la quantité de cigarettes consommées, les femmes fument en moyenne 12,6 cigarettes par jour (contre 15,1 pour les hommes) et 70,3 % d'entre elles ont déclaré avoir déjà arrêté de fumer volontairement au moins une semaine (contre 68,5 % des hommes).

En complément de cette enquête, un sondage IFOP[9] révèle que 51 % des fumeuses françaises se considèrent comme des femmes nerveuses, 59 % assument leur choix et 41 % estiment qu'elles mettent leurs proches en danger. Les non-fumeuses, elles, sont d'accord à 60 % pour dire qu'une femme qui fume met ses proches en danger...

Dans le même sondage, on découvre également que l'image de la cigarette, autrefois empreinte d'un savant mélange de sensualité et de désinvolture a radicalement changé. Aujourd'hui, seulement 2 % des femmes estiment en effet que fumer rend sensuelle et 18 % des non-fumeuses trouvent les fumeuses « vulgaires ». 21 % des non-fumeuses ont même déjà refusé d'embrasser une personne qui sentait le tabac. En revanche,

une fumeuse sur deux a encore recours à la cigarette après l'amour.

Enfin, le sondage aborde les raisons qui poussent les femmes à fumer et, à cette question, 44 % d'entre elles ont déclaré fumer pas plaisir et 54 % pour évacuer le stress. 45 % des fumeuses considèrent cependant qu'une demande de leurs enfants ou conjoint pourrait favoriser l'arrêt du tabac...

Pilule et cigarettes : un cocktail dangereux !

Associé aux pilules œstro-progestatives, le tabac multiplie par 20 le coefficient de risque d'accident vasculaire cérébral et par 4 à 10 celui d'infarctus du myocarde. Les pilules minidosées ont atténué ce risque mais ne le suppriment pas pour autant.

Qui plus est, le fait de fumer perturbe la coagulation sanguine et augmente ainsi le risque de thrombose veineuse. La nicotine favorise en effet la formation de caillots, abîme et rétrécit les parois des vaisseaux sanguins.

La diminution de la production d'œstrogènes (hormones féminines) qu'entraîne la cigarette peut également provoquer une survenue précoce de la ménopause.

---

[9] Baromètre NiQuitin/IFOP (enquête réalisée en avril 2011 sur un échantillon de 518 fumeurs, représentatif de la population française âgée de 18 ans et plus).

Hormones et cigarettes

Les hormones féminines, qui protègent naturellement la femme des problèmes cardiovasculaires, ne peuvent assurer la défense des voies de circulation sanguine contre l'action constrictive du tabac (le rétrécissement des parois veineuses). L'une d'entre elles (l'œstrogène) voit ses effets en grande partie neutralisés par l'action anti-œstrogène du tabac, neutralisation qui a pour conséquences plusieurs types d'affections :

• **le cycle menstruel** est perturbé (règles moins régulières, plus douloureuses, etc.) ;

• **la fertilité** décroît : il faudra à une fumeuse trois à quatre fois plus de temps qu'à une non-fumeuse pour être enceinte car les hydrocarbures contenus dans la fumée entraînent une baisse de la qualité de la paroi utérine ;

• **la ménopause** et son cortège de difficultés psychiques et physiques interviennent de 2 à 5 ans avant l'âge moyen ;

• **la fragilité osseuse** (ostéoporose) consécutive à la ménopause s'accroît, multipliant les risques de fracture du col du fémur chez la femme âgée.

Fumer met votre grossesse en péril !

D'après l'Enquête nationale sur la consommation des substances psychoactives 2013, une femme enceinte sur quatre fume quotidiennement en France, soit un chiffre deux fois supérieur à celui de la plupart des pays européens. Or, fumer pendant la grossesse n'est pas seulement dangereux pour la mère mais aussi pour le fœtus, et nombreuses sont les complications auxquelles s'exposent les mères fumeuses…

Fausse couche : une femme qui fume multiplie son risque de développer une grossesse extra-utérine par 1,5 si elle fume 10 cigarettes par jour, et par 5 si elle fume 30 cigarettes par jour. De même, le taux d'avortement spontané est 3 fois plus élevé chez les femmes fumeuses que chez les non-fumeuses. À noter également que le tabagisme passif peut lui aussi entraîner des fausses couches.

Naissance prématurée : fragilisées par le tabac, les membranes d'une fumeuse sont deux fois plus susceptibles de se rompre avant la 34e semaine d'aménorrhée (trois fois plus avant terme) que celles d'une non-fumeuse. Si elles sont intactes, le risque d'accouchement prématuré reste tout de même multiplié par 2 en cas de tabagisme maternel.

Poids à la naissance insuffisant et développement retardé : le poids moyen d'un nouveau-né de mère fumeuse est inférieur de 300 g à celui d'un nouveau-né de mère non-fumeuse. Un retard de croissance intra-utérine est également observé deux à trois fois plus souvent chez les nouveau-nés dont la mère fume.

Diminution des défenses immunitaires en cas d'infection : selon une étude américaine[10], le tabagisme induit certaines mutations génétiques in utero. Les nouveau-nés mis au monde par des mères ayant été exposées à la fumée de cigarette de leur conjoint durant la grossesse présentent une « défaillance » génétique de leurs cellules immunitaires plus fréquemment que les autres.

Risque accru du syndrome de la mort subite du nourrisson : les substances nocives contenues dans les cigarettes (nicotine,

LE LABEL « MATERNITÉ SANS TABAC »

Arrêter de fumer pendant la grossesse n'est pas toujours facile. Les futures mamans ont besoin d'être conseillées et aidées par le corps médical. Pour ce faire, 350 maternités sur 580 ont signé la charte « Maternité sans tabac », et une trentaine de centres de périnatalité ont également rejoint le mouvement en s'associant à ces structures. Ce label « Maternité sans tabac » créé en 2005 offre un accompagnement de qualité au niveau du sevrage tabagique des futures mamans. L'APPRI (Association périnatalité, prévention, recherche, information) et l'ANSFT (Association nationale des sages-femmes tabacologues) ont mis en place une action appelée « 100 000 mesures » qui a pour but de sensibiliser les femmes enceintes et leur conjoint aux effets nocifs du tabagisme actif et passif.

[10] Étude menée par Dr Janet AUDRAIN MCGIVERN à l'Université de Pennsylvanie publiée dans The American Journal of Psychiatry (n° 7, vol. 161, 2004, p. 1224-1230).

monoxyde de carbone, etc.) franchissent la barrière placentaire, ce qui entraîne, en outre, une réduction des apports en oxygène et en nutriments destinés à l'enfant. La fumée augmente la pression artérielle et provoque une accélération des battements cardiaques. De plus, certaines substances issues de la combustion du tabac sont nocives pour l'enfant.

Les risques de mort subite du nourrisson sont ainsi multipliés par 4 si la mère a fumé pendant la grossesse, par 3,4 si la mère fume 20 cigarettes par jour après l'accouchement alors que le père ne fume pas, et par 7,4 si les deux parents fument plus de 20 cigarettes par jour.

Des chercheurs de l'Université du Michigan[11] ont qui plus est démontré que ces risques étaient encore plus élevés en cas de grossesse gémellaire.

Les cas d'asthme, et d'infections respiratoires et ORL sont également plus répandus parmi les enfants nés de parents fumeurs. De même, 45 % de ces enfants souffriraient d'épisodes de respiration sifflante durant leur première année.

D'autres conséquences de l'intoxication tabagique n'apparaissent qu'après la grossesse : par exemple, la quantité moyenne quotidienne de lait maternel produite par une fumeuse est de 690 ml contre 960 ml pour une non-fumeuse. La quantité de nicotine présente dans le lait est d'ailleurs proportionnelle au nombre de cigarettes fumées. D'autres effets délétères comme l'augmentation de la pression artérielle systolique du nouveau-né (pendant 6 à 12 mois), les problèmes de développement psychomoteur ou cognitif, ou encore les troubles du comportement sont malheureusement encore trop souvent observés chez les enfants nés de parents fumeurs.

Le tabagisme passif

Une étude a montré que d'être exposé au tabagisme passif 2 heures par jour pendant 25 ans équivaut à fumer un paquet de 20 cigarettes par jour pendant 20 ans. En effet, le simple fait d'inhaler la fumée émanant des cigarettes d'un ou de plusieurs fumeurs est nocif. La toxicité du tabagisme passif vient du fait que la fumée respirée par le fumeur (courant principal) a une

[11] FROHNA (John G.), LANTZ (Paula M.), POLLACK (Henry), « Maternal smoking and adverse birth outcomes among singletons and twins », American Journal of Public Health, n° 90, mars 2000, p. 395-400.

composition différente de celle qui s'échappe de la cigarette (courant secondaire) ou de celle rejetée par le fumeur (courant tertiaire). La fumée du courant secondaire contient plus de toxiques (monoxyde de carbone, oxyde d'azote, etc.) et de produits cancérogènes (goudrons, benzène, etc.) que celle du courant principal. De ce fait, la dangerosité du tabagisme passif est liée au cumul des durées d'exposition à la fumée de cigarette au fil des jours, des mois et des années. De plus, la nicotine qui s'échappe des cigarettes par le biais de la fumée se dépose sur les différentes surfaces de la maison (murs, moquette, tapis, rideaux, couvre-lits, etc.) et, au contact de l'air ambiant, peut générer des substances cancérogènes pendant plusieurs mois.

Des risques réels

L'enfant, le fœtus, les personnes âgées et celles souffrant de maladies cardiaques ou respiratoires sont particulièrement sensibles à la fumée du tabac. Celle-ci accélère en effet le rythme cardiaque, diminue l'apport en oxygène, irrite les yeux et la gorge, accentue les problèmes respiratoires exis-

tants. Les enfants qui évoluent dans un milieu enfumé souffrent d'ailleurs plus souvent de problèmes respiratoires, toux, otites, angines, asthme, etc.

En outre, la fumée accroît de 27 % le risque de caries dentaires[12] et endommage les dents de lait.

Les femmes enceintes qui respirent de la fumée risquent de voir celle-ci s'infiltrer jusque dans le sang du fœtus et de mettre ainsi l'enfant en danger.

Enfin, pour les adultes, le risque de développer des maladies cardiaques, coronariennes ou circulatoires (artérites pouvant aller jusqu'à la gangrène, voire l'amputation) augmente de 25 % s'ils sont confrontés au tabagisme passif.

Il ne faut donc pas perdre de vue que, s'il est difficile d'agir sur la pollution extérieure, il est facile de préserver son entourage de la fumée passive, soit en s'abstenant de fumer, soit en allant fumer dehors.

MON ADO FUME, QUE FAIRE ?

Dans la majorité des cas, les enfants fument pour imiter leurs amis et ne pas se retrouver exclus d'un groupe. Bien souvent, les pre-

---

[12] Enquête américaine menée sur 3 531 enfants.

mières cigarettes sont fumées en colonie de vacances ou à l'école (10-12 ans).

En primaire, la bande de copains mise sur la surenchère et les défis de toutes sortes : jeux dangereux, fumer sans tousser, avaler la fumée ou faire des ronds avec, soit une manière de se démarquer de l'enfance et de rompre avec le monde des adultes en bravant les interdits.

Les ados, eux, sont influencés par la publicité : l'industrie du tabac met en effet tout en œuvre pour les séduire et leur faire croire que fumer correspond à un bien-être indispensable. Comme la nicotine a un effet stimulant, elle leur procure cette impression de détente passagère qui leur fait dire que fumer les déstresse. À cela s'ajoute l'envie de tenter de nouvelles expériences, de découvrir de nouvelles sensations, de nouveaux goûts, de repousser les limites, etc. Dans ce cocktail, entrent souvent, en plus de la cigarette, l'alcool, le haschich, voire des drogues plus dures.

Quelle attitude adopter ?

Ayez une attitude ouverte, montrez à votre enfant que le sujet n'est pas tabou et qu'il peut en parler librement. En instaurant un dialogue de manière sereine, il est plus facile de faire passer un message. Plus vous parlerez tôt du tabac et de ses dangers à votre enfant, mieux vous pourrez le protéger car, même si vous ne fumez pas, il sera tôt ou tard confronté au tabagisme dans son entourage (amis, école...). Si vous le surprenez en train de fumer, essayez de comprendre pour quelle raison il l'a fait. Ne rompez pas le dialogue et abordez la question avec calme et pondération. Maintenez malgré tout l'interdiction de fumer dans la maison, ce qui limitera, pour lui, les occasions d'allumer une cigarette et retardera ainsi l'instauration de la dépendance.

Adapter son langage à chaque âge

• **De 6 à 12 ans,** les enfants ont une opinion assez tranchée sur le tabac car ils estiment qu'il est dangereux pour la santé, sent mauvais, pique les yeux. Il convient donc de renforcer cette position. Qui plus est, l'enfant est à cet âge souvent avide de connaissances et à l'écoute ; vous devez donc pouvoir lui parler des effets néfastes du tabac sur l'appareil respiratoire (image des bronches d'un fumeur à l'appui) et sur la totalité du corps, ainsi que des produits nocifs contenus dans la fumée de cigarette pour le préparer au mieux à résister aux tentations de l'adolescence. Si vous êtes fumeur, votre enfant risque de se faire du souci pour vous après cet exposé. Dans ce cas de figure, il vous faudra écouter ce qu'il aura à vous dire et prendre en compte ses angoisses.

• **De 13 à 15 ans,** la première cigarette peut signifier que l'enfant veut faire comme les adultes et avoir ainsi l'impression de grandir. Dans ce contexte, il convient de lui expliquer (avec tact) que pour être grand, il n'est pas nécessaire de copier les adultes. Comme à cet âge les enfants traversent souvent une phase « rebelle » (contestation de l'autorité parentale), une argumentation scientifique et rationnelle risque d'aboutir à l'effet inverse de celui recherché. En effet, les ados associent le tabagisme aux soirées entre copains donc à l'amusement, la détente, le plaisir, etc. Mieux vaut miser sur la dépendance, le coût

du paquet de cigarettes qui fera diminuer son argent de poche, l'image (odeur du tabac froid, dents jaunies, mauvaise haleine, etc.), les problèmes de souffle, la récupération plus longue après l'effort... Une autre approche qui peut s'avérer efficace : lui proposer un challenge avec récompense à la clé (achat, pour ses 16 ans, d'un scooter, d'un ordinateur ou de tout autre cadeau qui pourrait lui faire plaisir) s'il ne fume pas.

• **Au-delà de 15 ans,** les jeunes se forgent une identité et sont plus sensibles aux informations scientifiques. Les arguments sur les risques liés à la santé deviennent possibles. Avec calme et modération, faites-lui part de vos préoccupations concernant le tabac et écoutez ce qu'il a à vous dire. Évitez les leçons de morale et essayez de comprendre ses motivations (curiosité, frime, influence, stress, angoisse, solitude). Il est également important de savoir s'il est dépendant ou pas de la cigarette.

S'il veut arrêter de fumer, impliquez-vous dans son sevrage et aidez-le en cherchant avec lui des alternatives aux cigarettes, telles que des activités sportives (natation, tennis, équitation, arts martiaux, etc.) ou artistiques (musique, danse, théâtre...), voire de la sophrologie ou de l'acupuncture pour l'aider à gérer son stress. S'il est d'accord, vous pouvez même organiser une soirée avec ses copains fumeurs pour débattre du sujet. Soulignez les avantages liés à l'arrêt du tabac, prenez de ses nouvelles, félicitez-le, récompensez-le également car arrêter de fumer est difficile. S'il échoue, ne le réprimandez pas. Cherchez avec lui la cause de l'échec et restez positif. Si besoin, n'hésitez pas à faire appel à un professionnel (tabacologue, psychologue, centre de prévention).

Si, au contraire, votre enfant se montre réfractaire à l'arrêt du tabac, fixez-lui des limites telles que l'interdiction de fumer à la maison, dans la voiture, etc., mais ne baissez pas les bras et continuez à dialoguer avec lui.

En revanche, ne l'incitez pas au sevrage par l'intermédiaire de la e-cigarette. En effet, l'Assemblée nationale a voté le jeudi 27 juin 2013 l'interdiction de la vente des cigarettes électroniques aux mineurs, un premier pas vers la « série de mesures » anti-tabac annoncée par la ministre en charge de la Santé, Marisol Touraine.

Se motiver pour arrêter

Chaque fumeur est unique. Pour estimer vos chances de succès, il faut évaluer votre motivation avant le début du sevrage, analyser votre état d'esprit face à l'arrêt du tabac, déterminer votre statut de fumeur (indécis ou résolu) et chercher la méthode qui vous conviendrait le mieux. Cependant, dans le domaine du sevrage tabagique, il n'y a ni miracle, ni vérité absolue : certaines méthodes ont fait l'objet d'études et de vérifications scientifiques, d'autres non, mais l'important est de trouver celle qui fonctionne le mieux pour vous et de garder à l'esprit qu'aucune d'entre elles n'est de toute façon infaillible. Ce qui compte pour arrêter de fumer, c'est l'envie d'y parvenir et les moyens que l'on se donne pour passer à l'acte et atteindre son objectif.

QU'EST-CE QUE LA MOTIVATION ?

Être motivé, c'est prendre conscience de tous les bénéfices quotidiens de l'arrêt du tabac, être convaincu qu'une vie sans tabac possède des avantages (faire des économies, retrouver une bonne condition physique, une belle peau, de belles dents, son souffle, une haleine fraîche...) nettement supérieurs au plaisir de fumer. Quand vous voulez vraiment quelque chose (obtenir une augmentation ou trouver un emploi, séduire la personne dont vous êtes amoureux, acheter une voiture ou un logement, etc.), vous savez déployer les efforts nécessaires pour arriver à vos fins. C'est donc par la force de votre volonté que vous pouvez atteindre vos objectifs. Autrement dit, votre motivation. Plus elle est élevée et plus grande est votre persévérance face aux obstacles rencontrés.

Pour vous libérer de la cigarette et arrêter de fumer, c'est la même chose. Travaillez votre motivation et votre volonté n'en sera que plus forte. Le cumul motivation/volonté sera le tremplin qui vous permettra de mettre en œuvre les stratégies que vous aurez élaborées pour atteindre votre but : arrêter de fumer.

LES BÉNÉFICES DE L'ARRÊT DU TABAC

L'arrêt du tabac, s'il suscite bien des difficultés, réserve aussi de bonnes surprises. Quelle que soit la quantité de tabac consommée et la durée de l'addiction, il n'est jamais trop tard pour arrêter et les bénéfices que cette décision engendre se manifestent presque immédiatement :

• 20 minutes après la dernière cigarette : la pression sanguine et le rythme cardiaque redeviennent normaux.

• 8 heures après la dernière cigarette : la quantité de monoxyde de carbone dans le sang diminue de moitié et l'oxygénation des cellules redevient normale.

• 24 heures après la dernière cigarette : le risque d'infarctus du myocarde diminue déjà. Les poumons commencent à éliminer le mucus et les résidus de fumée, et le corps ne contient plus de nicotine.

• 48 heures après la dernière cigarette : le goût et l'odorat s'améliorent, les terminaisons nerveuses gustatives commencent à repousser.

• 72 heures après la dernière cigarette : respirer devient plus facile. Les bronches commencent à se relâcher et on se sent plus dynamique.

• 2 semaines à 3 mois après la dernière cigarette : la toux et la fatigue diminuent. On récupère du souffle, on marche plus facilement.

• 1 à 9 mois après la dernière cigarette : les cils bronchiques repoussent, on est de moins en moins essoufflé.

• 1 an après la dernière cigarette : le risque d'infarctus du myocarde diminue de moitié et le risque d'accident vasculaire cérébral rejoint celui d'un non-fumeur.

• 5 ans après la dernière cigarette : le risque de cancer du poumon diminue quasiment de moitié.

• 10 à 15 ans après la dernière cigarette : l'espérance de vie redevient identique à celle des personnes n'ayant jamais fumé.

• Autres avantages par rapport aux personnes qui continuent de fumer :
- à 60 ans, on gagne 3 ans d'espérance de vie ;
- à 50 ans, ce gain est de 6 ans ;
- à 40 ans, il est de 9 ans ;
- à 30 ans, il atteint 10 ans !

En outre, l'arrêt du tabac régule le sommeil et l'équilibre nerveux, redonne une certaine vigueur sexuelle, réduit les difficultés à concevoir en enfant et, en cas de grossesse, les risques de prématurité, de fausse couche ou d'autres complications (p. 32).

Si vous avez des enfants, vous leur éviterez qui plus est d'être surexposés aux maladies liées au tabagisme passif, comme les maladies respiratoires ou les infections de l'oreille et leur offrirez un environnement plus sain.

Enfin, vous redécouvrirez les saveurs des aliments, l'odeur des fleurs, dépenserez votre argent autrement et vous sentirez plus libre. Et, point le plus important, en arrêtant de fumer, vous aurez la certitude de recouvrer une meilleure santé.

Sources : Tabac info service, OMS et Centre antitabac.

RENFORCER SA MOTIVATION

Pour augmenter votre motivation et écraser votre dernière cigarette, vous devez certes être convaincu de tous les avantages qu'il y a à vivre sans fumer mais également prendre conscience de tous les inconvénients qui découlent de la cigarette. Le tabac conditionne en effet votre mode de vie et vos habitudes, et arrêter de fumer va vous permettre de retrouver un rythme de vie plus sain et équilibré.

Mettez en place une manière (cahier, logiciel informatique) de suivre la progression de vos idées, de votre motivation et de vos actions. Ces différentes étapes sont importantes car elles vont vous aider à surmonter les difficultés rencontrées sur votre par-

LES INCONVÉNIENTS DU TABAC

La consommation du tabac engendre bon nombre d'effets indésirables qu'il faut garder en mémoire afin de renforcer sa motivation, notamment :
• avoir à sortir pour fumer ;
• tousser ;
• être essoufflé ;
• être irritable tant que l'on n'a pas fumé les premières cigarettes du matin ;
• passer à côté de moments agréables avec des non-fumeurs ;
• sentir le tabac froid ;
• avoir en permanence un goût de cendres dans la bouche ;
• avoir constamment à interrompre ou ralentir son travail ;
• risquer de brûler des vêtements ;
• occasionnellement, renverser le cendrier et devoir nettoyer ;
• aggraver sa maladie ;
• être fatigué ;
• mal dormir ;
• faire partir son argent en fumée
...

cours de futur non-fumeur. Arrêter de fumer n'est pas simple. Peu de fumeurs réussissent du premier coup. Beaucoup succombent au manque de nicotine ou à la gestuelle à laquelle les a habitués la cigarette. Une bonne préparation s'impose donc, car le risque d'échec est présent.

SE POSER LES BONNES QUESTIONS

Pour quelles raisons avez-vous décidé d'arrêter de fumer ? Chaque fumeur a ses propres motivations et il convient de les identifier avec exactitude pour asseoir sa décision. Pour y voir plus clair, nous avons dressé une liste de questions et de tests qui vous permettront de mesurer précisément votre motivation.

Test de Fagerström

Déterminer son niveau de dépendance physique est essentiel pour choisir la méthode de sevrage tabagique la plus adéquate. Pour évaluer votre dépendance à la nicotine, complétez ce test :

• Le matin, combien de temps après vous être réveillé fumez-vous votre première cigarette ?

❏ Dans les 5 minutes   3
❏ 6 à 30 minutes   2
❏ 31 à 60 minutes   1
❏ Plus de 60 minutes   0

• En moyenne, combien de cigarettes fumez-vous par jour ?

❏ 10 ou moins   0
❏ 11 à 20   1
❏ 21 à 30   2
❏ 31 ou plus   3

• Trouvez-vous qu'il est difficile de vous abstenir de fumer dans les endroits où c'est interdit ?

❏ Oui   1
❏ Non   0

• Fumez-vous à intervalles plus rapprochés durant les premières heures de la matinée que pendant le reste de la journée ?

❏ Oui   1
❏ Non   0

• À quelle cigarette renonceriez-vous le plus difficilement ?

❏ À la première de la journée   1
❏ À une autre   0

• Quand vous êtes malade, fumez-vous au point de rester alité toute la journée ?

❏ Oui   1
❏ Non   0

RÉSULTATS : 0-2 : absente / 3-4 : faible / 5-6 : moyenne / 7-10 : forte ou très forte

Test pour connaître son rapport à la cigarette

Pour vous, que représente le tabac ? Dans les listes ci-dessous, cochez les réponses qui vous paraissent les plus proches de ce que vous ressentez.

• En essayant d'arrêter de fumer, j'ai peur...

	PAS DU TOUT	UN PEU	MOYENNEMENT	BEAUCOUP
De perdre un plaisir quotidien	❑	❑	❑	❑
De grossir	❑	❑	❑	❑
De ne pas y arriver	❑	❑	❑	❑
D'être irritable	❑	❑	❑	❑
De perdre ma joie de vivre	❑	❑	❑	❑
D'être déprimé	❑	❑	❑	❑
D'être mis à l'écart	❑	❑	❑	❑
D'avoir des problèmes de sommeil	❑	❑	❑	❑
D'être en manque	❑	❑	❑	❑
D'avoir des difficultés de concentration	❑	❑	❑	❑
D'être moins performant dans mon travail	❑	❑	❑	❑

Pendant quelques jours, relisez vos réponses et cherchez les informations qui peuvent contribuer à renforcer votre motivation et vous aider à surmonter vos craintes.
Mais au fait, quelles sont ces craintes ? Pour arrêter de fumer, il faut avoir confiance en vous. Est-ce le cas ? Pour le savoir, calculez vos chances de réussite.

>

> *Suite du test de la page 47*

• Pour vous, la cigarette c'est...

❑ Un plaisir important dans votre vie
❑ Une aide à la concentration
❑ Un moyen de se détendre
❑ Un moment de bien-être
❑ Un moyen de gérer le stress
❑ La seule manière d'apprécier votre café
❑ Un alibi pour prendre du temps pour vous
❑ Un accessoire indispensable pour sortir et faire la fête

❑ Une compagnie
❑ Un moyen de lutter contre l'angoisse
❑ Un antidépresseur
❑ Un ami que ne me fait jamais de reproches
❑ Un moyen de lutter contre la constipation
❑ Un moyen d'entrer en contact avec les autres
❑ Un moyen de réguler votre poids
❑ Une occasion d'isolement et de calme personnel

Avez-vous confiance en vous ?

Si vous arrêtiez de fumer dès aujourd'hui, à combien estimeriez-vous vos chances de réussite sur une échelle de 0 à 10 ?

0 signifie : « Je suis tout à fait sûr que je n'y arriverai pas. »

10 signifie : « Je suis tout à fait sûr que je réussirai. »

Entourez le chiffre correspondant à votre réponse : 0 1 2 3 4 5 6 7 8 9 10

Date : .... / .... / ....

Si vous n'avez pas répondu 10 à cette question, qu'est-ce qui, selon vous, permettrait d'accroître votre confiance ?

• Arrêter en même temps qu'un(e) ami(e) ?

• Recevoir des encouragements ?

• Arrêter au moment des vacances ?

Vous serez prêt quand vous aurez au moins 7 à ce test. N'hésitez pas à vous documenter sur les méfaits du tabac : articles de presse, livres, centres de tabacologie, tabacologues, associations où vous pourrez rencontrer des fumeurs qui essaient d'arrêter ou qui ont déjà cessé de fumer, etc.

Que savez-vous du tabac ?

Bien connaître tous les mécanismes du tabac peut grandement vous aider dans votre prise de décision. Évaluez vos connaissances sur le tabac pour définir votre degré de motivation.

	VRAI	FAUX
1. C'est la nicotine qui est responsable des cancers liés au tabac.	❏	❏
2. Lorsqu'on essaie d'arrêter de fumer, les premières journées sans tabac ne sont pas faciles à vivre en raison du manque de nicotine.	❏	❏
3. Fumer, c'est une mauvaise habitude. Il suffit d'un peu de volonté pour s'arrêter.	❏	❏
4. Il existe des traitements très efficaces qui aident à arrêter de fumer.	❏	❏
5. Lorsque l'on a fumé plus de dix années consécutives, ça ne sert à rien d'arrêter, le mal est fait, il est irréparable.	❏	❏
6. Arrêter de fumer, c'est à coup sûr prendre 10 kilos les trois premiers mois.	❏	❏
7. Réduire progressivement le nombre de cigarettes fumées chaque jour ou préférer les cigarettes « légères », c'est déjà une première étape pour arrêter de fumer.	❏	❏
8. Les teneurs en goudron et en nicotine indiquées sur les paquets de tabac sont le reflet exact de ce que le fumeur inhale.	❏	❏

FAITES VOS COMPTES

Si vous avez répondu correctement :
• aux questions 1, 4, 7 et 8, comptez 3 points par réponse ;
• aux questions 2, 3, 5 et 6, comptez 2 points par réponse.

DE 0 À 5

Mal informé, vous êtes victime de nombreuses fausses croyances concernant le tabac. Cela constitue un frein à votre motivation pour arrêter de fumer. Commencez par mieux vous informer.

DE 6 À 10

Indécis depuis quelques années, vous commencez à peser le pour et le contre de votre tabagisme.
Vous avez déjà essayé d'arrêter mais sans vous y préparer réellement. Votre motivation n'est pas
encore arrivée à maturité.

DE 11 À 15

Fumeur invétéré durant de longues années, vous vous sentez prêt à arrêter définitivement. Vous
savez que vous aurez besoin d'être aidé et soutenu par votre entourage professionnel et familial. Il
vous reste encore à choisir le traitement le plus adapté à votre situation.

DE 16 À 20

Bientôt ex-fumeur, déjà abstinent ou ayant plusieurs fois essayé d'arrêter de fumer, il est fort pro-
bable que la prochaine fois soit la bonne pour vous. Ou bien vous êtes un ex-fumeur très averti et vous
aimeriez faire partager les bénéfices que vous avez ressentis à l'arrêt du tabac à ceux qui, autour de
vous, fument encore.

IDENTIFIER SES COMPORTEMENTS DE FUMEUR

Même si chacun fume pour des raisons qui lui sont propres, on peut toutefois distinguer des tendances et comportements communs à bon nombre de fumeurs. Savoir les reconnaître et les accepter vous permettra de surmonter les moments de doute et de rester concentré sur votre objectif.

Quelques portraits de cigarettes

Déterminer quelles cigarettes vous fumez en une journée peut vous aider à arrêter :
• les cigarettes associées au plaisir (celle du café, celle de l'apéritif, etc.) ;
• les cigarettes liées à des automatismes ;
• les « cigarettes-réflexes » (celles que l'on allume sans s'en apercevoir ou que l'on allume systématiquement dans une même situation) ;
• les cigarettes liées à des stimulations (celles de l'excitation intellectuelle ou émotionnelle) ;
• les cigarettes fumées dans une situation de convivialité (celles que l'on partage en bonne compagnie) ;
• les cigarettes censées nous détendre (celles qui répondent à un stress) ;
• les cigarettes qui correspondent à une situation d'ennui (que l'on allume lorsque l'on attend quelque chose ou quelqu'un) ;
• les cigarettes liées à une gestuelle (dont on apprécie l'incandescence, etc.) ;
• les cigarettes liées à la colère (celles qui musellent et permettent de canaliser les excès d'agressivité) ;
• les cigarettes qui font office « d'écran » pour se protéger des autres ;
• les cigarettes allumées quand on a besoin de soutien ou de réconfort ;
• les cigarettes associées au travail et à la création (celles qui sont censées optimiser la concentration).

Quelques portraits de fumeurs

On peut, en schématisant, isoler quatre grands types de fumeurs :
• l'impénitent, qui fume pour le plaisir ;
• le compulsif, qui fume pour combler un manque ;
• le gestionnaire, qui allie plaisir et utilité ;
• le fumeur victime, qui culpabilise de fumer.
En vous observant vous-même dans vos mécanismes de fumeur, vous pouvez vous reconnaître dans l'un ou l'autre de ces portraits. Vous pouvez aussi osciller entre deux, ou avoir changé de style en quelques années.

Se donner les moyens de réussir

CHOISIR LA MÉTHODE QUI VOUS CONVIENT LE MIEUX

Pour mettre toutes les chances de réussite de son côté, il est préférable de faire le tour des différentes méthodes existantes, de les étudier et de les comparer afin de déterminer celle qui sera la mieux adaptée à son style de vie, son caractère et son degré de dépendance au tabac. Il est également possible de combiner plusieurs méthodes comme, par exemple, les patchs et l'acupuncture, le yoga ou la sophrologie, si on a tendance à souffrir du stress. Plus vous serez détendu, moins vous aurez envie de fumer. Peut-être aussi devrez-vous essayer plusieurs méthodes avant de trouver la bonne. En effet, certains vont préférez les patchs, d'autres les gommes à mâcher ou bien la cigarette électronique, très en vogue depuis 2 ans. Toutefois, n'espérez pas de produits miracle car aucun n'est efficace à 100 % et les avis des tabacologues divergent quant à leur réelle efficacité.

Si vous êtes vraiment décidé à arrêter de fumer, il serait plus sage d'établir un plan combinant une bonne hygiène de vie (activités sportives, relaxation, alimentation diététique pour ne pas prendre de poids), le substitut qui vous semble le plus adéquat et, le plus important : une volonté inébranlable doublée d'une motivation à toute épreuve.

LES OUTILS POUR ARRÊTER DE FUMER

Plus de 80 % des fumeurs aimeraient arrêter de fumer mais la plupart ont peur de ne pas y parvenir. Tout d'abord, la rechute n'est pas synonyme d'échec ; au contraire, plusieurs études montrent que le succès dépend du nombre et de la durée des tentatives. En moyenne, la moitié des personnes qui arrêtent de fumer reprennent le tabac, mais après 45 ans, la majorité des fumeurs réussissent à arrêter. On peut dire que chaque rechute correspond à un apprentissage sur les motifs de la reprise. De plus, il existe sur le marché de nombreux outils qui peuvent faciliter l'arrêt de la cigarette.

Les produits et méthodes d'aide au sevrage

Les substituts nicotiniques. Ils dispensent une dose de nicotine et permettent de maîtriser la sensation de manque. Ils peuvent être utilisés avec ou sans ordonnance. On distingue :
• les **timbres transdermiques** ou patchs (Nicoretteskin, Nicopatch) ;
• les **inhalateurs** (Nicorette inhaler). Un inhaleur (ou inhalateur) se compose d'un tube en plastique et d'une cartouche de nicotine (5 mg) qui permettent au fumeur de reproduire sa gestuelle liée à la cigarette.

Chez certains utilisateurs, une irritation buccale locale, une toux ou une rhinite peuvent apparaître ;
• les **gommes à mâcher** (Nicorette gomme, Nicotinell). Le fait de mâcher est addictif et la nicotine est un marqueur de souvenirs (empreinte de la mémoire) qui renforce l'envie de mâcher. 15 à 17 % des utilisateurs de gommes à mâcher sont dépendants.

Les thérapies comportementales. Elles incitent le fumeur à se défaire des comportements qui conduisent à fumer : thérapies de groupe, groupes d'entraide et support social, techniques de modification des habitudes tabagiques, etc. Il a par ailleurs été démontré que la psychothérapie comportementale améliore l'efficacité des traitements.

Les médicaments psychotropes. Ils permettent d'améliorer le bien-être mais doivent être utilisés dans le cadre d'un suivi médical.
• La **varénicline** (ou Champix chez Pfizer), d'un usage délicat, nécessite un suivi médical strict. Ce médicament s'adresse aux fumeurs

dépendants physiquement à la nicotine avec un syndrome de manque : il supprime en effet le plaisir ressenti via les bouffées de cigarettes et la sensation de manque liée à l'arrêt du tabac. Pour autant, il n'instaure pas de dégoût. Ses possibles effets indésirables vont des nausées passagères aux rêves anormaux, en passant par de légères céphalées. Les généralistes, qui au départ la prescrivaient volontiers, ont appris à s'en méfier. De plus, le taux de rechute, comme avec tout traitement médical, est élevé. En France, les ventes stagnent à 6 000 boîtes par mois.

• Le **bupropion** (ou Zyban chez GSK) est, lui aussi, difficile d'emploi et comporte des risques imprévisibles. Ce médicament permet de maintenir assez de dopamine dans le cerveau pour que le fumeur ne ressente pas la frustration. Quand on arrête de fumer, la nicotine ne stimule plus la production de dopamine et la sensation de manque apparaît. Le bupropion permet à la dopamine libérée naturellement dans la synapse d'y rester plus longtemps, ce qui compense le manque évoqué et diminue le syndrome de sevrage. Certains utilisateurs peuvent cependant, sous son effet, souffrir d'insomnie, d'anxiété,

de sécheresse buccale ou encore de troubles bipolaires (variations pathologiques de l'humeur, autrefois appelées maniaco-dépression). Son utilisation est contre-indiquée chez les personnes ayant une insuffisance hépatique ou rénale, ou sujettes aux convulsions.

Les ventes sont passées sous la barre des 1 000 boîtes par mois en France. Depuis que le produit est générique, il a perdu de son intérêt et peu de médecins le prescrivent désormais.

Les cigarettes sans tabac. Si elles ne contiennent pas de tabac et donc pas de nicotine, elles renferment tout de même 5 mg de goudron. Privé de sa dose de nicotine, le fumeur a tendance à inhaler très fortement la fumée de ces cigarettes. Or, toute fumée contient des substances cancérogènes et du monoxyde de carbone, dangereux pour le cœur. Inefficaces, elles présentent les mêmes risques pour la santé que les cigarettes classiques. Des tabacologues, regroupés au sein de l'Office français de prévention du tabagisme (association loi 1901) déconseillent d'ailleurs l'usage de ce produit.

Les méthodes douces et complémentaires. L'acupuncture, la mésothérapie, l'homéopathie, l'hypnose, le laser, l'auriculothérapie, sont sans danger et, utilisées à bon escient, peuvent constituer une aide précieuse. L'efficacité de ces méthodes n'a certes pas été démontrée scientifiquement mais, sur certains patients, elles donnent d'excellents résultats.

• L'**homéopathie** a l'avantage d'être remboursée par la Sécurité sociale, vous pouvez donc demander à votre médecin de vous en prescrire. Toutefois, comme les autres techniques non conventionnelles de sevrage, elle reste insuffisante pour aider les gros fumeurs à arrêter de fumer ; il faudra donc veiller à les combiner à d'autres aides et à les insérer dans un programme complet de sevrage.

• La **luxopuncture** est inspirée de la médecine traditionnelle chinoise et consiste à stimuler les terminaisons nerveuses via un faisceau infrarouge. À l'instar du laser et de l'acupuncture, cette méthode permettrait notamment d'arrêter de fumer sans grossir. Trois à cinq séances de 40 minutes chacune doivent permettre au fumeur de maîtriser son envie de fumer et de se sentir apaisé. Ensuite, un suivi de 3 mois est prévu pour aider le patient à se défaire définitivement de la cigarette. Les tarifs se situent autour de 40 € la séance ou de 250 € la cure. La luxopuncture est indolore mais elle ne convient cependant pas aux femmes enceintes, aux personnes ayant une maladie organique grave ou des troubles épileptiques.

• Le **laser** agit quant à lui sur le système nerveux par microvibrations qui elles-mêmes agissent sur le cerveau du patient pour éradiquer sa dépendance au tabac. Peu connue en France, cette méthode est très répandue au Québec. Proche de l'acupuncture, elle permettrait un arrêt simple et définitif du tabac ; du moins c'est ce qu'assurent les responsables des centres québécois. Le traitement dure jusqu'à ce que le besoin de fumer disparaisse, ne demande pas d'effort et n'occasionne pas de prise de poids. Le port des lunettes opaques est impératif pendant les séances, car l'œil est extrêmement sensible aux rayons. Les tarifs oscillent entre 75 € et 350 € la séance d'une heure.

Les cures thermales. Effectuée sous contrôle médical, la cure renforce le désir d'arrêter de fumer. Massages, relaxation, enveloppements et gymnastique aquatique calment le stress lié à l'arrêt du tabac. Les soins généraux, bains et douches accentuent également cette relaxation dont on a tant besoin en période de sevrage tabagique. Les hôtels proposent des menus savoureux mis au point par des diététiciens pour favoriser l'éducation diététique et éviter la prise de poids. Des professionnels (kinésithérapeute, sophrologue, professeur d'éducation physique et sportive) prennent en charge les curistes et leur donnent toutes les clés pour traverser l'épreuve du sevrage dans des conditions optimales. Dans un environnement aussi propice à la détente et au bien-être, les bienfaits de la cure se manifestent rapidement.

La cigarette électronique. De plus en plus tendance en France et dans le monde, la cigarette électronique (ou e-cigarette) fait un tabac auprès des fumeurs. Depuis l'interdiction de fumer dans les lieux publics, la e-cigarette s'est imposée comme une bonne alternative à la cigarette classique car la vapeur émise par l'appareil est inodore et inoffensive pour l'entourage. La cigarette électronique est un produit électrique destiné à simuler l'acte de fumer du tabac. Elle produit une vapeur ou « fumée artificielle » qui ressemble à la fumée des cigarettes classiques. Cette vapeur peut être aromatisée (tabac brun, blond, fruits, chocolat, capuccino, etc.) et contenir ou pas de la nicotine. Contrairement à la fumée produite par la combustion du tabac, cette vapeur n'a pas l'odeur du tabac et ne contient pas les 4 000 substances nocives des cigarettes à combustion. Les cigarettes électroniques ont souvent la forme d'une cigarette classique mais elles peuvent aussi avoir celle d'un cigare (cigare électronique ou e-cigare) ou d'une pipe (pipe électronique ou e-pipe). Innovation oblige, certaines cigarettes électroniques arborent déjà des formes originales. Des versions jetables (non rechargeables) sont également disponibles. Quant aux fumeurs, ils ont trouvé dans le fait de « vapoter », un moyen de se désaccoutumer du tabac sans stress.

À PROPOS DE LA CIGARETTE ÉLECTRONIQUE

L'efficacité de la cigarette électronique comme aide au sevrage tabagique et sa nocivité font l'objet d'un débat chez les médecins et tabacologues en raison du manque de données sur son impact au niveau de la santé à court, moyen et long terme. De ce fait, le ministre de la Santé a commandé un rapport à l'Office français de prévention du tabagisme sur l'e-cigarette afin de déterminer le rapport risques/bénéfices. De plus, contrairement à ce qu'on pourrait croire, les e-cigarettes ne sont pas seulement une mode, elles sont a priori là pour rester : le nombre de consommateurs de la e-cigarette est passé de 500 000 en 2012 à 1 million en 2013. Vendue dans 150 boutiques spécialisées pour un chiffre d'affaires de 100 millions d'euros, la cigarette électronique a pour le moment remplacé la cigarette classique dans tous les lieux où cette dernière est interdite.

QUELQUES CONSEILS JUDICIEUX POUR L'ACHAT D'UNE CIGARETTE ÉLECTRONIQUE PAR RAPHAËL FREUND[13]

« La qualité des cigarettes électroniques est en constante amélioration mais en acheter une de bonne facture demande néanmoins quelques connaissances en la matière.

Malheureusement, le prix ne fait pas la qualité. Prévoyez tout de même de dépenser entre 35 € (une batterie et un clearomizer) et 75 € (deux batteries et deux clearomizers) pour un modèle performant.

Favorisez l'achat en boutique spécialisée avec pignon sur rue car vous pouvez en général y essayer les différents modèles et saveurs sur place.

Si vous passez commande sur un site Internet, vérifiez bien que toutes les mentions légales y figurent. Attention aux arnaques et à la course au produit le moins cher car les copies sont légion. Internet regorge d'adresses et d'avis d'utilisateurs concernant tel ou tel produit mais, dans le doute, favorisez plutôt les marques connues.

[13] *Fondateur du musée du Fumeur et de la Centrale vapeur ; www.lacentralevapeur.com, www.museedufumeur.net.*

Par principe de précaution, évitez le e-liquide fabriqué en Asie et préférez-lui celui fabriqué en France, en Europe ou aux USA. Téléphonez aux boutiques ou aux hot-lines des sites Internet et faites des recherches sur le Web pour trouver des retours d'utilisateurs.

En ce qui concerne les cigarettes électroniques jetables, il est difficile d'en trouver qui soient de bonne qualité. Le principe d'une jetable consiste à offrir à l'utilisateur une cigarette électronique de taille presque similaire à une vraie mais plus grosse et plus lourde et ne pouvant pas être rechargée une fois la batterie ou la charge de e-liquide épuisée. Une jetable comporte, en règle générale, de 150 à 800 lattes. Le prix conseillé pour ce type de produit et de 9 à 12 € selon la capacité et la qualité. »

DEUX ÉTUDES INTÉRESSANTES

• En France, l'absence d'études cliniques relatives à la cigarette électronique ne permet pas son homologation comme « produit de santé » pour la cessation ou la réduction du tabagisme. De nombreux fumeurs l'ont toutefois adoptée dans ce but. Pour cette raison, le Comité départemental des maladies respiratoires de la Dordogne a souhaité observer les usages de la cigarette électronique, en liaison avec le Centre d'examens de santé de Périgueux.

Parmi les 74 participants suivis durant 3 mois, 53 (soit 72 %) ont fortement diminué leur consommation de cigarettes, et 8 (soit 11 %) ont totalement arrêté de fumer. Le reste des participants a également déclaré avoir diminué, mais de moins de 50 %.

La cigarette électronique a été bien acceptée, tant par les participants que par leur entourage (familial, professionnel ou dans les lieux publics). Les deux tiers des personnes ayant utilisé la cigarette électronique constatent des effets positifs sur leur état de santé.

Bien que réalisée avec des moyens limités, cette première étude publiée en 2012 confirme le potentiel de la cigarette électronique pour la protection de la santé des fumeurs, qu'ils envisagent – ou non – de cesser le tabagisme. « On ne peut pas à la fois reconnaître que le tabac est la première cause de décès évitables et ne faire aucune étude sur la cigarette électronique, plébiscitée par des millions d'utilisateurs soucieux de leur santé » déclare Dr Jacques Granger, président du Comité départemental des maladies respiratoires de Dordogne.

• En Grèce, l'équipe du Dr Konstantinos Farsalinos (Centre de chirurgie cardiaque Onassis d'Athènes) a réalisé la première étude clinique sur les effets aigus immédiats de la cigarette au niveau de la fonction cardiaque, les maladies cardiovasculaires représentant près de 40 % de la mortalité liée au tabac.

L'étude a été effectuée sur une durée de 7 minutes, auprès de 20 fumeurs de 25 à 45 ans, avant et après avoir fumé une cigarette, et de 22 utilisateurs quotidiens de cigarettes électroniques du même âge avant et après l'utilisation de l'appareil. Il ressort que fumer une cigarette classique conduit à un dysfonctionnement cardiaque (augmentation de la pression artérielle systolique et diastolique, de la fréquence cardiaque...) alors que le fait de vapoter n'a aucun effet aigu néfaste sur les utilisateurs. Seule une légère élévation de la pression artérielle a été constatée, ce qui permet de déduire que l'absorption de la nicotine est plus lente qu'avec une cigarette classique.

Malgré tout, il est encore trop tôt pour savoir si la cigarette électronique s'avère être le produit idéal pour réduire les méfaits du tabac ; il faudra attendre que d'autres études soient menées pour pouvoir juger de son efficacité et de son innocuité. Il semblerait cependant que ce type de cigarette dispose d'un bon potentiel car il permet de traiter l'addiction chimique (délivrance de nicotine) et psychologique (gestuelle, inspiration et expiration de la fumée).

ANATOMIE DE LA CIGARETTE ÉLECTRONIQUE

Deux techniques existent : l'utilisation d'ultrasons (coûteuse et complexe à industrialiser) ou celle d'une résistance chauffante qui s'avère être la technique la plus utilisée. Via une mèche ou une tresse, la résistance chauffe un liquide (e-liquide) qui s'évapore à une température de 50 °C. Le e-liquide est une solution aromatisée dont le principal composant est soit du propylène glycol (PG), soit de la glycérine végétale (VG), soit un mélange des deux (additifs alimentaires courants). À ce composé principal sont ajoutés des arômes artificiels ou des extraits naturels, ainsi qu'une dose optionnelle de nicotine plus ou moins concentrée. Pour vapoter, l'utilisateur doit déclencher le chauffage de la résistance : le e-liquide se met alors à chauffer et génère une vapeur que le vapoteur peut ensuite inhaler. Le déclenchement du chauffage de la résistance peut se faire manuellement ou automatiquement.

« Les différentes enquêtes réalisées montrent un taux d'arrêt du tabac qui oscille entre 70 à 75 % grâce à la e-cigarette. 15 % des vapoteurs combinent cigarettes fumées et cigarettes vapotées. En revanche, 50 % des fumeurs ayant expérimenté la cigarette électronique ne l'adoptent pas immédiatement. Malheureusement, les études manquent pour en connaître les raisons.

La cigarette électronique ne crée pas de dépendance et il n'existe à ce jour aucune observation de personnes n'ayant jamais fumé devenues dépendantes à la nicotine inhalée seule. L'hypothèse émise par certains que vapoter serait une passerelle vers le tabagisme n'est fondée sur aucune observation ou étude scientifique. Personnellement, je conteste, comme d'autres, le caractère addictif de la nicotine seule.

De plus, j'ai pu observer que les vapoteurs étant passés du vapotage sans nicotine à celui avec nicotine en ressentaient plus de plaisir mais pas plus de dépendance. Leur consommation était néanmoins plus importante. La nicotine doit être considérée comme une substance génératrice de plaisir et appréciée comme telle par les consommateurs. Les risques d'abus existent mais ils sont comparables, par exemple, à ceux liés à la caféine.

La cigarette électronique n'est dangereuse que pour l'industrie pharmaceutique dans la mesure où elle démontre que la théorie de la dépendance à la nicotine est un mythe inventé pour vendre de la nicotine pharmaceutique ; d'où les diverses actions pour la faire interdire.

Les seules précautions à prendre avec les cigarettes électroniques sont :

• ne pas laisser traîner ses flacons d'e-liquide : si pour les enfants, la nicotine est déjà toxique à faible dose, pour un nourrisson, elle est mortelle ;

• ne jamais laisser ses e-cigarettes dans la boîte à gants si la voiture est au soleil. Comme toutes les batteries au lithium, il y a un risque d'explosion quand soumises à une trop forte chaleur ;

• si vous êtes épileptique, les liquides mentholés sont à proscrire. »

[14] Consultant en tabagisme et éditeur du site unairneuf.org.

LES AIDES EXTÉRIEURES

Le syndrome de manque à la nicotine associe au moins quatre des symptômes suivants : humeur dépressive, insomnie, irritabilité, sentiments de frustration ou de colère, anxiété, difficulté de concentration, agitation ou impatience, ralentissement du rythme cardiaque, augmentation de l'appétit et du poids. Il se manifeste de façon différente selon les fumeurs et leur type de consommation, et peut aller de quelques dizaines de minutes à plusieurs heures. Plus le syndrome de manque est fort, plus la dépendance (psychologique, physique et/ou comportementale, p. 16) est profonde et plus la prise en charge doit être importante.

Ainsi, même si théoriquement vous êtes votre meilleur allié, il ne faut pas hésiter pour autant à se tourner vers des aides extérieures dont le soutien et les conseils peuvent s'avérer précieux dans la lutte contre le tabac.

Le tabacologue ou le médecin de famille ?

Ces deux médecins ne s'adressent généralement pas aux mêmes personnes. C'est souvent le médecin référent que consulte la majorité des fumeurs car il est un peu le conseiller de la famille et les aide à mener à maturation leur décision d'arrêt du tabac, ce qui, souvent, risque de prendre du temps.

Le tabacologue intervient, dans la majorité des cas, quand le fumeur a pris la décision de cesser de fumer. La première consultation est cruciale car le tabacologue passe au crible le vécu tabagique de la personne, l'âge de début, l'intoxication progressive, les tentatives d'arrêt, les rechutes, les circonstances favorisantes, etc. Ensuite viennent les tests permettant d'évaluer le degré de motivation, de déterminer le niveau de dépendance psychologique et comportementale. Le tabacologue est une réelle source de conseil et de soutien.

Les pharmaciens

Les pharmaciens sont très sensibilisés à l'arrêt du tabac et ont suivi des formations pour bien conseiller les candidats au sevrage tabagique. Commerces de proximité, les pharmacies sont accessibles sans rendez-vous, ce qui permet de consulter quand on le désire. Ces professionnels de santé (et leurs équipes) disposent d'outils d'information et

DE L'EFFICACITÉ DES SUBSTITUTS NICOTINIQUES

Les substituts nicotiniques sont utilisés pour lutter contre la sensation de manque, à l'origine de la dépendance. Toutefois, il semblerait que leur efficacité ne soit pas aussi miraculeuse que l'ont affirmé les laboratoires. En effet, les ventes de timbres transdermiques (patchs) sont passées de 1 396 561 mois de traitement en 2004 à 273 852 en 2009, soit une division par cinq en 5 ans. Le Dr Faysal Hasan (médecin au North Shore Medical Center, dans le Massachusetts) a comparé l'efficacité des traitements dits de substitution nicotinique avec l'hypnose auprès d'individus hospitalisés pour des problèmes cardiopulmonaires et candidats à l'arrêt de leur tabagisme. La puissance de la statistique est faible car elle porte sur seulement 67 patients très malades. Les patients ont été répartis en quatre groupes de taille comparable et le choix du traitement (gratuit) a été laissé au patient. Le relevé à 6 mois d'hospitalisation est le suivant :

Prise en charge	Abstinence (%)
Arrêt sans aide particulière (groupe contrôle)	25
Arrêt avec nicotine	15,8
Arrêt avec une séance d'hypnose	50
Arrêt association hypnose et nicotine	50

CONCLUSIONS

Les prétendues « aides nicotiniques » n'en sont pas dans la mesure où leurs résultats sont moins bons que ceux obtenus en l'absence d'aides. Ces adjuvants chimiques n'améliorent pas non plus l'efficacité de la thérapie par l'hypnose, dont le taux de succès est d'ailleurs largement supérieur à ce que les prises en charge actuellement recommandées (en France) par les professionnels de santé permettent.

de motivation pour inciter les fumeurs à s'interroger sur le tabagisme, les sensibiliser à l'arrêt, les accompagner dans leur démarche de sevrage et les conseiller pour y parvenir.

L'entourage

Aimant et compréhensif, votre entourage immédiat saura vous épauler dans votre démarche, et ce de la façon la mieux adaptée à votre caractère : avec discrétion ou au contraire à grand renfort de compliments... Un soutien moins proche mais non moins investi pourra provenir par exemple d'un groupe de personnes ayant entrepris la même démarche (parmi vos amis ou sur votre lieu de travail), ou d'un groupe de discussion entre (ex-)fumeurs.

Le soutien à distance

Avec Internet et les applications sur les téléphones portables, les fumeurs disposent désormais de nombreux moyens de se faire aider. Ce ne sont pas les témoignages et les conseils utiles qui manquent ! Attention toutefois car tous les sites Internet ne sont pas sérieux et certains ont tendance à communiquer des informations erronées pour vous orienter vers les produits de leurs partenaires commerciaux (laboratoires, prestataires en tout genre), publicité et sponsoring obligent...

En revanche, les programmes de santé publique transmis par téléphone portable, sont efficaces en cas de sevrage : ils dispensent notamment des encouragements et conseils quotidiens par SMS, messages audio et même parfois vidéo qui peuvent vous aider à garder le cap dans votre lutte contre la cigarette. D'après une revue de littérature médicale publiée par Cochrane[15], les fumeurs ayant bénéficié de ce type de coaching ont plus de chances de s'abstenir de fumer après 6 mois. Les chercheurs de l'Université d'Auckland ont analysé les résultats de cinq études portant sur 9 000 candidats au sevrage, toutes tranches d'âge confondues, qui s'étaient inscrits à des programmes d'arrêt par téléphone portable, et ont pu observer un bénéfice deux fois plus élevé avec ces méthodes par rapport à un groupe témoin (même si les résultats sont variables selon les différentes études). « Le téléphone portable fait désormais partie de la vie quotidienne, notamment celle des jeunes adultes. C'est un moyen de délivrer des messages de santé publique qui s'avère effi-

---

[15] WHITTAKER (Robyn), BORLAND (Ron), BULLEN (Chris), LIN (Ruey B.), McROBBIE (Hayden), RODGERS (Anthony), « Mobile phone-based interventions for smoking cessation », Cochrane Database of Systematic Reviews, n° 4, 2009.

cace, et sans doute moins coûteux que les lignes d'assistance téléphonique », soulignent-ils.

Les scientifiques appellent à la réalisation de nouvelles recherches pour mesurer l'efficacité des applications sur smartphone qui se développent actuellement. Certaines sont d'ailleurs mises au point par des laboratoires pharmaceutiques. L'une d'elles tente, par exemple, de motiver les ex-fumeurs en leur divulguant en temps réel les effets bénéfiques de l'arrêt sur leur santé. Après avoir saisi des informations sur ses habitudes tabagiques, l'abonné reçoit des messages quotidiens lui indiquant une estimation du gain d'espérance de vie, de l'amélioration de son risque d'infarctus et de ses capacités respiratoires, ou encore des économies financières réalisées.

Une autre application reprend les mécanismes du jeu (gain de points à chaque cigarette non fumée) afin d'inciter l'abstinent à tenir bon. Pour Christophe Leroux, porte-parole de la Ligue contre le cancer, « ces outils peuvent être intéressants, mais ils n'ont d'impact que sur les fumeurs déjà engagés dans une démarche d'arrêt, essentiellement des récidivistes du sevrage ».

iCoach[16]

Cette méthode a été lancée lors de la campagne européenne « Les ex-fumeurs, rien ne les arrête » en juin 2011. Cet outil interactif de coaching personnalisé en ligne offre une aide pratique au travers de conseils et d'astuces tout au long de la progression du fumeur vers l'arrêt du tabac. C'est la première fois qu'une campagne européenne met au point une méthode aussi concrète et sur mesure pour les 28 millions de fumeurs européens âgés de 25 à 34 ans.

De plus, ce site est aussi disponible en application mobile gratuite dans les 22 langues de l'Union européenne. Sur les 378 000 personnes (dont 20 000 Français) qui ont testé cette méthode, 36 % ont certifié avoir cessé de fumer dans les 3 mois qui ont suivi l'utilisation du iCoach.

Kwit[17]

Kwit est une application iPhone (ou iPod Touch) qui accompagne les personnes (d'au moins 17 ans) désireuses d'arrêter de fumer et ce sous forme d'un jeu simple, ludique et efficace. Inventé par un jeune français, Geoffrey Kretz, ce jeu est basé sur un système de

[16] http://www.exsmokers.eu/fr-fr/index
[17] http://kwit.fr

points qui permettent de passer au niveau supérieur. Les apprentis non-fumeurs peuvent partager leur progression avec leurs amis sur Facebook ou Twitter. L'application est vé*(il)*je 1,79 € sur l'AppStore et sur Google Play. Le *peti* plus : si l'on a besoin d'être remotivé, il suffit de *se*♦*o*uer le smartphone pour découvrir un message *d'e*/ *r*puragement.

Résistabac

Dotée de sept fonctions spécifiques (profil personnalisé, soufflomètre, check-up santé, check-up budget, messages Facebook, alertes envies et option « J'ai craqué »), Résistabac est une application gratuite qui accompagne et encourage les candidats au sevrage de façon originale : par exemple, la fonction soufflomètre calcule les capacités pulmonaires de l'utilisateur (via le mircro du téléphone), les check-up budget évaluent,

selon le profil, les économies réalisées et les check-up santé permettent d'indiquer au fil des jours les bénéfices santé acquis. Comme avec Kwit, on peut partager ses progrès sur Facebook et recevoir ainsi les encouragements de ses amis ! L'application est téléchargeable sur l'AppStore et sur Google Play.

Club Santé Digital

Cette application[18] gratuite comporte 3 programmes personnalisés conçus par des médecins : « j'arrête de fumer », « je réduis » et « je me prépare à arrêter ». Une fiche quotidienne d'information santé, présentée par Michel Cymes en vidéo, des conseils nutrition quotidiens, un bouton « alerte » pour faire passer l'envie de fumer, un quiz vidéo et autres fonctionnalités figurent au programme de cette application.

---

[18] *Créée en janvier 2013 à l'initiative de Michel Cymes et des spécialistes du digital.*

Tirer un trait sur la cigarette

Arrêter de fumer ne s'improvise pas ! Se faire aider peut permettre de passer le cap pénible de la désaccoutumance mais, au fond, la réussite ne dépend que d'une seule personne : vous. Alors pourquoi ne pas essayer la méthode la plus simple et la plus naturelle qui émane de votre volonté ? Diminuez progressivement votre consommation de cigarettes et observez vos réactions. Si tout va bien, vous poursuivrez cette diminution jusqu'à la disparition totale des cigarettes. Et si vous ne parvenez pas à vous arrêter de fumer par vous-même, vous pourrez toujours vous faire aider par un médecin ou un tabacologue qui vous prescrira des médicaments, des patchs ou autres substituts nicotiniques (p. 56). En cas de besoin, vous pourrez également recourir à des méthodes complémentaires comme l'hypnose, l'homéopathie ou l'acupuncture, par exemple. Mais quelle que soit la méthode choisie, c'est de votre motivation et votre volonté à arrêter de fumer que viendra votre réussite.

LES ÉTAPES DE L'ARRÊT DU TABAC

Arrêter de fumer est difficile et le processus qui conduit à cette décision est loin d'être simple. En cas de forte dépendance, une période d'indécision de 6 mois à 2 ans n'a rien d'anormal. Les différentes phases de l'arrêt du tabac sont :

• **la pré-intention** : la question de l'arrêt commence à apparaître, on étudie le pour et le contre ;

• **l'intention** : on a envie d'arrêter et on commence à mettre en place les conditions de l'arrêt du tabac, à réfléchir aux moyens de se protéger des tentations, aux alternatives possibles à la cigarette, etc. ;

• **la préparation au sevrage** : on établit « un plan de bataille » pour contrer les effets négatifs de la dépendance physique et psychologique ;

• **l'arrêt** : la décision enfin prise, il faut se faire aider et se prémunir contre les risques de rechute. Cette décision repose sur la rupture d'un équilibre entre ce qui pousse à continuer de fumer (sensations agréables et positives de la cigarette) et, à l'inverse, ce qui motive à arrêter (dangers pour la santé, tabagisme passif, prix, problèmes de peau, etc.).

ITINÉRAIRE D'UN FUTUR EX-FUMEUR

• La naissance de la motivation
• La décision d'arrêter de fumer
• La dernière cigarette
• Les premiers jours sans tabac
• Les pulsions subites
• Le regard des autres
• La tentation de fumer
• La révolte face au manque
• Le risque de rechute
• La vie sans tabac

MÛRIR SA DÉCISION

Pour mettre toutes les chances de votre côté, notez sur une feuille de papier vos habitudes tabagiques et la manière dont vous fumez, identifiez les situations à haut risque (anxiété, stress, colère, frustrations, pressions sociales, prise de poids) et les situations ou états émotionnels positifs susceptibles d'entraîner une rechute (détente, repas, prise d'alcool, de café...), choisissez la période qui vous semble la plus

favorable, listez les avantages que vous obtiendrez en arrêtant (p. 42). N'agissez jamais sur un coup de tête, au contraire, prenez le temps de mûrir votre décision. Au besoin, parlez-en avec votre entourage (conjoint, frère, sœur, parents, amis, etc.). Ensuite, préparez cette période de sevrage en modifiant votre hygiène de vie : mise en place d'une alimentation équilibrée, suppression de l'alcool, activités sportives ou ludiques, cocooning afin de contrer les idées préconçues qui veulent que l'on prenne du poids et devienne invivable avec son entourage (stress, irritabilité...). Évitez de vous focaliser sur les côtés négatifs de l'arrêt et positivez en valorisant tous ses aspects bénéfiques. Important : lors des premières semaines du sevrage, demandez aux fumeurs de votre entourage de fumer dehors, évitez les lieux enfumés, etc.

Dompter sa dépendance

Apprécier sa dépendance à sa juste valeur permet d'estimer le temps dont on aura besoin pour maîtriser son envie de fumer (p. 45). Stopper sur un laps de temps très court est facile mais tenir sur la durée est nettement

UN EMPLOI DU TEMPS SUR MESURE !

Mettez en place un emploi du temps moins chargé mais assez intéressant pour avoir envie de vous y tenir et éviter un stress qui pourrait vous inciter à fumer. Attention toutefois à ne pas disposer de trop de temps libre, ce dernier pourrait constituer une incitation tabagique. Pensez aux activités qui vous font plaisir (natation, équitation, tennis, etc.), le shopping, la relaxation, les soins (spa, centre esthétique...), la danse, etc. et dans la mesure du possible, faites-vous accompagner par des amis non-fumeurs pour éviter la tentation. N'oubliez pas que bien dormir est important : plus vous serez reposé, moins vous serez stressé, donc moins vous aurez envie de fumer !

plus compliqué, surtout si l'on est un fumeur invétéré. L'intensité du syndrome annihile en effet les bonnes intentions, d'où l'importance de bien suivre les conseils du tabacologue (payants) ou du pharmacien (gratuits), et de ne pas hésiter à consulter aussi souvent que nécessaire. La nicotine délivrée par les substituts étant inoffensive du fait qu'elle s'échappe en continu à doses filtrées, sans le shoot de la cigarette, source de la dépendance et du risque cancérogène de la fumée, vous ne prenez aucun risque. Bien utilisés, les substituts peuvent contribuer à votre réussite (p. 56).

Ne pas arrêter brutalement mais progressivement

Contrairement aux idées reçues, l'arrêt total du tabac ne conduit pas à la réussite. En effet, l'arrêt brutal du tabac est très anxiogène pour un fumeur et également source de stress, donc d'échec. Le sevrage progressif est nettement plus positif. Quelle que soit la méthode choisie, la personne qui décide d'arrêter de fumer doit devenir l'acteur principal de son sevrage. Le bon timing, la bonne méthode lui appartiennent. C'est un gage de réussite.

Quelques astuces pour ne pas craquer

• Positivez ! Le fait de craquer ne remet pas en cause la possibilité de succès, bien au contraire.

• Rappelez-vous que l'envie de fumer est passagère.

• Entourez-vous d'amis prêts à vous soutenir moralement quand vous flanchez.

• Évitez les tentations. Il est plus facile de résister dans un environnement non-fumeurs.

• Détendez-vous : respiration ventrale, relaxation, yoga, rire (une minute de rire équivaut à une demi-heure de relaxation).

• Listez tous les bénéfices ressentis depuis que vous avez cessé de fumer (économies, goût et odorat retrouvés, souffle amélioré...). Ça ne peut que vous remotiver !

• Mâchouillez des cigarettes en plastique qui permettent de conserver la gestuelle du fumeur et occupent les mains, ou bien des chewing-gums sans sucre.

• Utilisez des compléments alimentaires antifringales pour réduire l'envie de grignoter.

• Privilégiez les antistress à base de plantes pour compenser la nervosité due à l'arrêt du tabac (valériane, tilleul, passiflore, fleur d'oranger et magnésium).

• Remplacez les apéritifs alcoolisés par des jus de légumes ou des jus de fruits.

L'ALIMENTATION

Sans aller jusqu'à prétendre que c'est le changement d'alimentation qui a poussé l'homme moderne vers le tabac, on peut néanmoins affirmer que son alimentation exerce une action sensible sur son envie de fumer.

Les excitants à éviter

Au niveau mondial, la consommation de sucre, de café, d'alcool et de cigarettes augmente simultanément. Le fruit du hasard ? Certainement pas ! La cigarette de fin de repas est l'une des plus malaisées à abandonner : vous venez de faire un bon repas comportant un bon dessert (sucre), un café sucré (sucre + café), un petit digestif (sucre + alcool)... « Une bonne petite cigarette » ou « un bon petit cigare » s'impose pour terminer « en beauté ». Les condiments (poivre, moutarde, épices), les fromages fermentés, les tomates, les pommes de terre (elles renferment de la nicotine), les aubergines, le sucre, les excitants du système nerveux (alcool, café, thé, cola, cacao, chocolat) concourent à l'envie de fumer.

Les alcaloïdes, un cocktail explosif

Le café, le thé, le cola et le cacao contiennent de la caféine, qui est un alcaloïde ; le cacao, le thé et le chocolat renferment en plus de la théobromine, qui est aussi un alcaloïde ; c'est également le cas de certaines épices. Les alcaloïdes — autrefois utilisés comme insecticides — ont une puissante action physiologique car ils excitent puis paralysent les cellules du cerveau. Celles-ci ont alors besoin d'une nouvelle dose pour être stimulées et déparalysées, avant de se retrouver paralysées à nouveau, d'où la dépendance à ces substances. Quand vous voulez arrêter d'en prendre une (le tabac par exemple) sans les supprimer toutes, vous continuez de ressentir les effets du manque et, par contrecoup, d'avoir envie de fumer. Autre point important : ces excitants (le tabac y compris) font monter le taux de sucre dans le sang... et le sucre crée, lui aussi, des symptômes de manque, d'où les difficultés liées au sevrage tabagique.

Vaincre la tentation

Un fumeur ne devient jamais un non-fumeur, mais un ex-fumeur. Le conditionnement au tabac, qui fut long, ne disparaît jamais vraiment, et la tentation de recommencer « juste une fois » peut entraîner une rechute. Parfois, le syndrome de manque peut apparaître après l'arrêt du traitement par substituts si celui-ci était inadapté (mal dosé, trop court), et une seule cigarette peut alors conduire à la reprise des anciennes habitudes tabagiques. Passée la première semaine de l'arrêt, il importe de renforcer vos bonnes habitudes, c'est-à-dire celles de la désaccoutumance, du désamour de la nicotine.

SPORT ET RESPIRATION

Bouger réapprend à respirer et aide à conserver la ligne. Mais si vous n'êtes pas d'un tempérament sportif et qu'à la perspective de faire un jogging vous préférez toute autre activité, rassurez-vous : il y a bien d'autres moyens de dépenser des calories et de réadapter ses poumons à une vie normale. Il suffit par exemple de marcher à un bon rythme une heure par jour (ce que vous pouvez réaliser en deux fois une demi-heure ou quatre fois un quart d'heure), ou encore de choisir l'escalier plutôt que l'ascenseur. Les plus courageux iront nager deux midis par semaine, faire du vélo ou s'inscrire dans une salle de gym. Il existe de nombreuses activités physiques, plus ou moins intenses mais toutes bienfaisantes, et de nombreux endroits où les pratiquer. Chacun est donc à même de redécouvrir un aspect de l'existence qui a eu tendance à disparaître de nos vies très sédentaires : le mouvement...

De la douceur

Le yoga et le stretching sont deux activités qui apprennent à bien respirer et qui ont des effets bénéfiques sur l'ensemble du corps et du système nerveux. Une fois apprise, cette technique respiratoire peut être utilisée à tout moment de la journée pour se relaxer ou résister à une tentation insidieuse. La gymnastique aquatique permet de travailler en douceur l'ensemble des muscles et de dépenser un bon nombre de calories. Le sauna permet quant à lui de « désencrasser » l'organisme sans effort.

De la nature

Les amoureux de la nature pourront profiter de toutes les saisons pour effectuer des marches en forêt, des balades sur la côte, des randonnées à la montagne. Les passionnés de jardinage s'adonneront plus intensivement à leur activité préférée. Les plus ac-tifs retrouveront le plaisir de skier sans s'essouffler ou de surfer en liberté.

De la discipline

Les arts martiaux ou l'escrime exigent une concentration dont certains tempéraments ont besoin. Ils permettent de développer une assurance et une maîtrise de soi intéressantes tant pour la réussite de l'arrêt de la cigarette que pour tous les aspects de la vie personnelle et professionnelle.

De la complicité

Les sports d'équipe (football, basket, rugby, water-polo, etc.) favorisent les relations d'écoute et d'entraide. Tout en éliminant les vestiges nocifs qu'a laissés le tabac dans votre organisme, vous redécouvrirez une certaine forme de solidarité.

SOMMEIL ET RELAXATION

Même si vous êtes soutenu par votre entourage, il se peut que les premières semaines qui suivent l'arrêt du tabac comportent quelques moments de tension pénibles et des nuits d'insomnie. En dehors des tisanes ou des décoctions à base

de plantes calmantes, il est bon de mettre en œuvre des techniques qui aident à se détendre. La sieste est la plus simple d'entre elles ! Le massage réduira les tensions musculaires. Une ou deux séances de relaxation quotidiennes vous aideront beaucoup. Pour cela, allongez-vous, détendez-vous, fermez les yeux et pensez, étape par étape, à l'ensemble de votre corps ; vous relâcherez ainsi les différentes tensions des membres inférieurs, du ventre, du torse, des membres supérieurs puis de la tête. Faites le silence en vous-même jusqu'à ce que vous ayez la sensation de devenir lourd. Puis « réveillez-vous » progressivement ; vous vous sentirez alors en pleine forme pour le reste de la journée !

LA QUESTION DE LA PRISE DE POIDS

Si, malgré vos précautions, vous prenez 3 ou 4 kilos au bout de plusieurs mois, il sera facile de les perdre dans l'année :
• évitez le grignotage entre les repas ;
• buvez de l'eau en abondance ;
• passez du temps à élaborer vos menus ;
• redécouvrez le plaisir de cuisiner de bons plats équilibrés ;

• mangez lentement, mâchez longuement les aliments.

L'ENVIRONNEMENT

Vous pouvez utilement réviser à la baisse vos projets de sortie dans des lieux enfumés tels que les clubs privés (bars, salles de billard, de jeux, etc.) qui ne tombent pas sous le coup de la nouvelle loi puisque tout ce qui est privé bien évidemment n'est pas public, et donc hors législation... un moyen légal de contourner la loi, apparu en octobre 2007. Plus de problème au niveau des bars, discothèques, restaurants et autres lieux avec la mise en place de l'interdiction de fumer de janvier 2008. N'hésitez pas à associer vos amis fumeurs à votre démarche. Peut-être n'en sont-ils pas encore à souhaiter arrêter, mais ils sauront sûrement vous comprendre et respecter votre choix en évitant de vous exposer au tabac.

LES COMPENSATIONS

Le plaisir était l'un des éléments constituant votre vie de fumeur ? Il doit le rester ! N'hésitez pas à vous récompenser : par exemple, mettez quotidiennement de côté l'argent

L'HYDROTHÉRAPIE
À DOMICILE

Il est possible de se soigner grâce à l'eau sans bouger de chez soi. Un gant de crin et une douche froide tous les matins : voilà de quoi se maintenir en forme ! Quoique les débuts soient un peu difficiles, vous y prendrez vite goût.

• Pour s'habituer progressivement à ces soins, mieux vaut commencer avec de l'eau tiède.

• Il importe de se frotter avec le gant dans le sens de la vascularisation, soit en remontant vers le cœur. Partez des chevilles et montez jusqu'au dos ; partez des poignets et allez jusqu'aux épaules. Frottez sans vous martyriser et arrêtez lorsque votre peau rosit : cela signifie que votre sang est revenu oxygéner la périphérie de votre corps.

que vous dépensiez chez le buraliste et offrez-vous, régulièrement ou non, quelque chose que vous n'auriez pas envisagé si facilement avant, la cigarette monopolisant une trop grande partie de votre budget. Occupez-vous de vous : vous passiez dans votre journée un temps relativement long à fumer ; vous pouvez à présent mettre à profit ce temps pour vous octroyer des moments privilégiés réservés à votre activité préférée ou à votre beauté.

SI MALGRÉ TOUT LA RECHUTE ARRIVE...

La reprise du tabac est toujours possible même après une longue période d'abstinence. Sur les 15 millions de fumeurs français, 8 millions souhaitent se libérer de leur dépendance. Sans aide, 80 à 90 % de ceux qui tentent d'arrêter rechutent dès la première année. Ces récidivistes de la cigarette peuvent-ils espérer sortir de leur rideau de fumée ? Oui, car tous les spécialistes en tabacologie certifient qu'il faut persévérer car ces récidives font partie du sevrage et permettent d'identifier les différents points de vulnérabilité. En effet, arrêter est le fruit d'une longue maturation, puis d'une décision

qui va nécessiter un changement significatif de comportement. Au cours de ce processus, une rechute ne doit jamais être vécue comme un échec. Chaque arrêt, même minime, est un point positif et rapproche du succès final.

Pourquoi rechute-t-on ?

Les motifs de rechute sont nombreux et diffèrent selon les fumeurs mais certains sont communs à de nombreux fumeurs.

• Le **syndrome du manque de nicotine** est responsable de 78 % des échecs qui surviennent lors des trois premiers mois de sevrage.

• La **perte de motivation** est source d'une certaine nostalgie de la cigarette. Résultat : même sevré, le fumeur ressent un manque et refume.

• La **prise de poids** qui accompagne parfois l'arrêt du tabac peut être difficile à gérer pour certains, et surtout pour certaines… Si l'équilibre alimentaire n'est pas respecté au cours du sevrage, une prise de 3 à 10 kg peut en effet survenir et faire replonger certaines femmes qui ne sentiraient pas la force de les reperdre.

• Les **drames de la vie** (divorces, décès d'un proche, perte d'emploi, maladies, problèmes financiers, etc.) font que les candidats à l'arrêt du tabac se remettent parfois à fumer pour se réconforter.

• Le **stress** généré par les problèmes personnels ou professionnels, voire par des émotions fortes (bonheur ou malheur) conduit à reprendre la cigarette.

• Les **moments de convivialité** (repas de famille ou entre amis) ou de détente ont tendance à déclencher les réflexes conditionnés des fumeurs. Ils finissent souvent par « s'en griller une petite » en pensant que ce sera sans conséquence.

• Les **états dépressifs** masqués par le tabagisme ressurgissent lors du sevrage. Tristesse, perte d'énergie, manque d'enthousiasme et autres syndromes font que le fumeur revient à la cigarette pour gommer ces effets délétères.

Apprendre à gérer sa dépendance et ses émotions

Pour comprendre le mécanisme de la rechute, le fumeur doit pouvoir répondre à trois questions : pourquoi, quand et comment il fume (p. 47). En effet, chaque cigarette correspond à la liaison répétitive d'un geste et d'une émotion. C'est cette dernière qui va entraîner le geste et faire rechuter le fumeur.

Pour identifier ce à quoi correspond chaque cigarette fumée, la tenue d'un « carnet de route » peut s'avérer utile. En effet, dans ce carnet, il suffit de noter pourquoi l'on fume à chaque instant de la journée puis d'analyser ces réflexes tabagiques. Ce pointage va vous permettre de comprendre l'inutilité de certaines cigarettes et de mettre de la distance entre elles et vous. Ainsi, vous serez à même de déterminer celles dont vous pouvez vous passer et celles dont vous pensez avoir réellement besoin au départ. Vous devrez également apprendre à gérer vos émotions, à les dissocier de la cigarette, à développer l'affirmation de soi (fumeurs atteints de phobie sociale ou de timidité) et à gérer le stress par d'autres moyens (acupuncture, taï-chi, yoga, natation, etc.). Ceux qui sont hautement dépendants et pour qui la cigarette représente un équilibre psychologique devront suivre un traitement psychotrope prescrit par un médecin.

Mettre au point des stratégies de résistance

Adopter des techniques de réflexion et de maîtrise de soi permet de faire face aux situations dangereuses. Si votre conjoint(e) fume, entamez une négociation pour qu'il/elle arrête de fumer aussi. Restez également vigilant quand vous êtes au contact d'amis et collègues de travail fumeurs : tentation assurée ! Il en va de même pour les déjeuners ou dîners entre amis, et les réunions professionnelles enfumées... Mais si vous retrouvez malgré tout dans de telles situations, que faire ?

- Boire un grand verre d'eau.
- Éviter les excitants comme le thé, le café et l'alcool.
- Sortir pour respirer de l'air frais.
- Mâcher un chewing-gum.
- Manger un bonbon à la menthe.

Enfin, en cas de doute, il faut avoir le réflexe de réactiver sa motivation. En effet, pour éviter de faiblir, l'ex-fumeur doit sans cesse garder à l'esprit les raisons qui l'ont poussé à arrêter de fumer et les bienfaits qu'il retire de sa lutte contre le tabac.

NOUVELLE HAUSSE DES TAXES SUR LE PRIX DU TABAC EN JUILLET 2013

En octobre 2012, le prix du tabac a augmenté de 6 % pour atteindre un prix moyen de 6,50 € le paquet de cigarettes. Le même mois, le gouvernement a voté une nouvelle hausse du prix du tabac qui avoisinera les 4,5 % pour les cigarettes, et 10 % pour le tabac à rouler. En effet, une augmentation est prévue pour le 15 juillet 2013, de 20 centimes pour les cigarettes et de 40 centimes pour le tabac à rouler. Cette nouvelle augmentation relative de 20 centimes, qui a pour but de financer le budget de la Sécurité Sociale en 2013, constitue donc une déception pour les anti-tabac. Président de l'Alliance contre le tabac, Yves Bur a estimé sur RTL que cette annonce est « une insulte à la santé publique et aux 73 000 morts par an » que cause la cigarette.

En effet, si l'augmentation de la fiscalité relève d'une décision gouvernementale, celle du prix des paquets de cigarettes provient d'une décision des fabricants qui décident ou non de répercuter le montant du relèvement des taxes sur leurs prix de vente, pour conserver leurs marges. Ces répercussions doivent ensuite être homologuées par le ministère pour devenir effectives. Les cigarettiers craignent que les hausses brutales de prix ne fassent baisser leur volume de ventes et privilégient des augmentations modérées et régulières. En octobre 2012, la hausse de 40 centimes décidée par le gouvernement avait en tout cas eu des répercussions importantes sur le marché. Au premier trimestre 2013, le recul des ventes de cigarettes s'est établi à 9 %.

Annexes

SITES DE LUTTE CONTRE LE TABAGISME

• **Tabac info service**
www.tabac-info-service.fr
Site du ministère de la Santé et
de l'INPES (Institut national de prévention
et d'éducation pour la santé).
☎ 39 89 de 9 h à 20 h (0,15 /min).

• **Health European Leading Program
(HELP)**
www.help-eu.com
Site du Programme européen de lutte
contre le tabagisme.

• **Comité national contre le tabagisme
(CNCT)**
www.cnct.fr
☎ 01 55 78 85 10

• **Droits des non-fumeurs (DNF)**
www.dnf.asso.fr
☎ 01 42 77 06 56

• **Réseau hôpital sans tabac**
www.respadd.org
Annuaire des consultations de tabacologie.

• **Associations d'aide aux victimes
du tabagisme (AAVT)**
www.asso-victimes-tabac.com
☎ 03 85 81 33 15
miaffonso@aol.com

• **Tabac info**
www.tabac-info.net
☎ 0 810 111 101
info@tabac-info.net

• **Office français de prévention
du tabagisme (OFT)**
www.oft-asso.fr
☎ 01 43 25 19 65
oftabac@ifrance.com

• **Stop tabac**
www.stop-tabac.ch
Site développé par l'Université de Genève et
l'Institut de médecine sociale et préventive.

• **Nuit Grave**
www.nuitgrave.ch
stop-tabac@stop-tabac.ch
Ce site permet aux jeunes de moins
de 18 ans de trouver des conseils

à partir de leur profil personnel.
Il propose aussi un forum de discussions
et des témoignages.

• Drogues info service
www.drogues-info-service.fr
Site du ministère de la Santé.
☎ 0 800 231 313 (gratuit depuis
un poste fixe) de 8 h à 2 h.
☎ 01 70 23 20 20 (prix d'une
communication locale depuis
un téléphone mobile)

• Direction générale de la santé
www.sante.gouv.fr/htm/pointsur/tabac

**• Institut national de prévention
et d'éducation pour la santé (INPES)**
www.inpes.sante.fr
On peut consulter sur ce site
Tabac actualités, une lettre mensuelle
sur les effets du tabagisme et le sevrage
tabagique.

• Lutte contre le tabac
www.luttecontreletabac.com
info@luttecontreletabac.com

• Tabac net
www.aphp.fr
Sites de l'Assistance publique
et des Hôpitaux de Paris.

• Zerosmoke
www.vivre-mieux.com
Sevrage par un système d'aimants placés
sur l'oreille (site approuvé et conseillé
par le Centre européen de lutte contre le
tabagisme).

AUTRES SITES INTERNET INFORMATIFS

• Ameli
www.ameli.fr
Site de la Sécurité sociale.

• Alliance contre le tabac
www.alliancecontreletabac.org
☎ 01 43 37 91 51

• Futura santé
www.futura-sante.com

- **Service info tabac (SIT)**
www.tabac-stop.net

- **Stop au tabac**
www.stopautabac.fr

- **Les fiches de J'arrête**
www.jarrete.qc.ca

- **Les additifs du tabac et du papier à cigarette**
www.additifstabac.free.fr

- **L'association pulmonaire**
www.poumon.ca

SITES DÉDIÉS AUX E-CIGARETTES

- **Clopinette**
www.clopinette.fr
Clopinette propose des produits de qualité aux normes européennes. Les cigarettes, testées avant d'être commercialisées, sont utilisées avec un e-liquide produit en France. La marque dispose d'un large réseau de boutiques, ainsi qu'un choix d'arômes et de modèles conséquent.

- **Nhoss**
www.nhoss.com
Entreprise française implantée dans le Nord depuis 2010 qui conçoit ses propres cigarettes électroniques. Leader en France. Produits contrôlés et tracés aux différentes étapes de leur production. Les produits Nhoss bénéficient de ces deux certifications, répondant ainsi aux exigences établies par les règles générales concernant la santé et la sécurité des consommateurs sur l'ensemble de l'Union européenne.

- **La Centrale vapeur**
www.Lacentralevapeur.com

- **Forum-Ecigarette**
www.forum-ecigarette.com

- **Annuaire des vapoteurs**
www.annuaire-cigarette-electronique.com

- **Un air neuf**
www.unairneuf.org
Le magazine des solutions proposées comme remèdes au tabagisme.

À DECOUVRIR

• **Le musée du Fumeur**
7, rue Pache
75011 Paris
Depuis 2001, musée, boutique
et *vapor lounge*.
Ouvert du lundi au samedi de
12 h 30 à 19 h.
☎ 01 43 71 95 51
www.museedufumeur.net

À LIRE

• CLAUZEL (**Isabelle**), *Cahier d'exercices*
pour arrêter de fumer en toute quiétude,
Esf éditeur, mai 2013, 64 p.
Ce « cahier d'exercices » s'adresse à tous
les fumeurs qui veulent en finir avec
la cigarette. L'auteur, Isabelle Clauzel
est psychosociologue, coach, tabacologue,
formatrice en tabacologie, thérapies
comportementales et cognitives ainsi
qu'en sevrage complexe.
www.esf-editeur.fr

• ETTER (**Jean-François**), *La cigarette*
électronique, une alternative au tabac,
e-book pour Kindle, janvier 2013, 166 p.
Cet ouvrage explique ce que sont les
cigarettes électroniques, détaille leur
toxicité et leur efficacité et fait le point sur
les liquides de remplissage. L'auteur,
Jean-François Etter, Dr ès sciences
politiques est professeur de santé publique
à la faculté de médecine de Genève
(Suisse).

Crédits photographiques

Direction : Catherine Saunier-Talec

Responsable éditoriale : Tatiana Delesalle-Féat

Édition : Marion Turminel

Lecture-correction : Paula Lemaire

Responsable artistique : Antoine Béon

Couverture et conception : Le Bureau des Affaires Graphiques

Adaptation et réalisation : ÉDITÉDITO

Fabrication : Amélie Latsch

L'Éditeur remercie Iris Dion pour son aide précieuse et efficace.

Partenariats Sophie Morier (smorier@hachette-livre.fr)

Pour l'Éditeur, le principe est d'utiliser des papiers composés de fibres naturelles, renouvelables, recyclables et fabriquées à partir de bois issus de forêts qui adoptent un système d'aménagement durable. En outre, l'Éditeur attend de ses fournisseurs de papier qu'ils s'inscrivent dans une démarche de certification environnementale reconnue.

Imprimé par Castelli Bolis Poligraphic en Italie
Dépôt légal : août 2013
23-122-01-70
ISBN : 978-2-01-23-1227-2